Dem Göttlichen nahe

Heilige Orte der Welt

IMPRESSUM

Englische Originalausgabe
Published in 2007
by Carlton Books Limited
20 Mortimer Street
London W1T 3JW, United Kingdom

Deutsche Lizenzausgabe 2008
C.J. Bucher Verlag GmbH, München

Übersetzung ins Deutsche: Linde Wiesner, München
Redaktion: Dr. Ulrike Kretschmer, München,
Dr. Birgit Kneip
Produktmanagement: Dr. Birgit Kneip
Herstellung: Bettina Schippel

Printed and bound in Dubai

Die Deutsche Nationalbibliothek –
CIP-Einheitsaufnahme
Ein Titeldatensatz für diese Publikation ist bei der
Deutschen Nationalbibliothek erhältlich.

ISBN 978-3-7658-1690-1

BUCHER

DEM GÖTTLICHEN NAHE

HEILIGE ORTE DER WELT

REBECCA HIND

INHALT

Einleitung	6
Amerika	8
Europa	44
Afrika & Mittlerer Osten	108
Asien	152
Australien & Pazifikländer	222
Register	254
Danksagung und Bildnachweis	256

Einleitung

Überall auf dem Erdball gibt es heilige Stätten, von privaten Räumen, die kaum jemand kennt, bis zu den erhabenen Bergen und Kathedralen, die Tausende von Gläubigen aufsuchen. Jede dieser Stätten kann man auf einer Landkarte finden und ihre Lage, Geschichte und Umgebung beschreiben. Schwieriger ist es, den wahren Geist unter der Oberfläche zu erfassen. Wie definiert man Heiligkeit? Sie hat so viele Facetten, von kosmischen, alles umfassenden, Zeit und Raum durchdringenden Ereignissen bis hin zu sichtbaren und unsichtbaren Erneuerungen im täglichen Leben, in allen Aspekten der Schöpfung. Während Theologen über die Natur des Heiligen im Glauben und darüber hinaus diskutieren, entwickeln Einzelne ihren eigenen Weg, das zu finden, was sie mit dem Göttlichen verbindet – sie beten, meditieren, geben sich Ritualen hin, singen, klagen ihren Kummer, teilen ihre Freuden oder gehen in die Natur. Die Orte, an denen wir dies tun, ob allein oder mit anderen, können einen heiligen Charakter bekommen. Es kann ein Platz sein, den nur wir kennen, der uns an eine Zeit oder eine Person erinnert, ein Platz, an dem unsere Sorgen leichter werden, oder aber eine Stätte, an der Generationen von Gläubigen beten. Eine majestätische Landschaft, ein Berg oder ein Wasserfall haben ihr eigenes Licht, ihre eigene Farbe und ihren eigenen Duft; hier lassen wir alles Irdische hinter uns und gelangen zu einer höheren Bewusstheit. Bedeutet das nun, dass manche Orte von Natur aus heilig sind und unsere Seele berühren können?

Vielleicht gibt es da eine Art symbiotischer Beziehung, wodurch Spiritualität entweder freigesetzt oder absorbiert wird, je nach Bedürfnis. Der spirituelle Reisende weiß, dass eine heilige Reise viele Formen annehmen kann, physische und metaphysische. Viele der Orte, die wir in diesem Buch besuchen, sind uralt, spielen aber noch im 21. Jahrhundert eine Rolle im spirituellen Leben. Die Vergangenheit zu ignorieren hieße, sich der Möglichkeit zu berauben, von alten Traditionen zu lernen, indem wir ihre Entwicklung hin zur heutigen Glaubenspraxis kennenlernen. Wenn wir uns also mit diesen Stätten befassen, brauchen wir viel Vorstellungskraft, um andere Kulturen verstehen zu lernen. Nur dann können wir die Belange der Welt und allen Lebens darin nachempfinden.

Auf der ganzen Welt gibt es heilige Stätten der etablierten Religionen: Moscheen, Kathedralen und Tempel, die so gestaltet wurden, dass die Gläubigen sich ganz auf Gott konzentrieren und die Priester die Gemeinde belehren und betreuen können. Andernorts beten Stammesgruppen im Freien und finden ihre Götter in der Natur. Zuweilen sind die Glaubensgruppen, die eine Stätte genutzt haben, verschwunden, und andere Religionen oder Archäologen oder Touristen haben den Ort »übernommen«, aber man sollte nie vergessen, was einst dort vor sich ging. Wir werden prähistorische Stätten besuchen, bei denen wir kaum etwas oder gar nichts über die dort in Urzeiten gesprochenen Sprachen wissen. Aber jene Menschen bemalten Höhlenwände in einer visuellen Sprache, die so ausdrucksstark ist, dass wir nur Ehrfurcht empfinden können. In uralten Grabstätten fanden wir Hinweise, dass die Toten mit Respekt und Sorgfalt behandelt wurden und Proviant für ihre letzte Reise erhielten. Wir berühren Wasser, das heilt, den Durst löscht und reinigt und aus der Erde sprudelt wie aus dem Mund großzügiger Götter. Auf Berggipfeln kommen die Gläubigen dem Himmel so nahe, wie es auf Erden eben möglich ist, und schon allein die klare Luft und die wunderbare Aussicht erheben unseren Geist. Und auf Wallfahrten lernen und wachsen wir in der Gemeinschaft, wir fühlen am Ende die Genugtuung, angekommen zu sein.

Unsere Freude über die Schönheit und Bedeutung heiliger Stätten wird noch größer, wenn wir sie mit offenem, aufnahmebereitem Geist betreten und uns respektvoll und angemessen verhalten. Jemand, der sich auf eine spirituelle Reise begibt, muss seine Umwelt achten. Dieses Buch will das Wesentliche der Orte, die wir besuchen, wiedergeben. Während Sie also darin blättern, freuen Sie sich an den Wundern und der Vielfalt von Gottes Schöpfung. An manche Orte gelangt man jedoch nur durch innere Reisen.

links Der Sri Pada auf Sri Lanka ist vielleicht der einzige Berg, auf dem mehrere Religionen nebeneinander ausgeübt werden. Er gilt als Heimat von Schutzgeistern, und ein mysteriöser riesiger Fußabdruck soll, je nach Religion, den Ort von Shivas Tanz des Universums, Buddhas Anwesenheit, Adams ersten Schritt auf der Erde oder die Ankunft des heiligen Thomas und somit des Christentums markieren.

Amerika

Die Einwohner des Kontinents, den wir Amerika nennen, kamen aus Nordasien über eine Landbrücke in die Neue Welt. Anthropologische und linguistische Studien und DNA-Spuren stützen diese Theorie, auch wenn viele Amerikaner glauben, ihre Vorfahren hätten schon immer auf diesem Kontinent gelebt. Als sich die Menschen über das ganze Land verteilten, entstanden Völker und Nationen mit individuellen Kulturen und Religionen. Wir beginnen in diesem Kapitel im Süden und gehen immer weiter gen Norden in Richtung Beringstraße, wo vielleicht vor zigtausend Jahren die Landstraße verlief.

Der Kukulkan-Tempel in Chichen Itzá ist dem gefiederten Schlangengott geweiht und dient als gigantischer Kalender (an ihm kann man z.B. die Winter- und die Sommersonnenwende ablesen). Die Pyramide verkörpert vieles, das die Kulturen Amerikas verehren. Sie zeigt auch das hochentwickelte Wissen prähistorischer Astronomen, Mathematiker und Künstler, die zusammen heilige Stätten erschufen.

Vom heiligen Berg Machu Picchu in Peru geht es weiter nördlich nach Mexiko, wo wir ein bisschen bleiben und uns vier Stätten ansehen. Hier gewinnen wir einen Einblick in eine Kultur, die sich noch immer durch uralte Sprachen, eine Vermischung von Religionen und eine einzigartige Weltsicht ausdrückt. Dann betrachten wir den mysteriösen Serpent Mound in Ohio, den gigantischen Grand Canyon, den Wrangell–Saint-Elias-Nationalpark und die Niagara-Fälle.

Wasser spielt in vielen Glaubensgruppen auf der ganzen Welt eine wichtige Rolle, und ganz besonders an den heiligen Stätten, die wir in Amerika besuchen. In Machu Picchu lieferte eine heilige Quelle jeder Behausung frisches Wasser. Im trockenen Yucatán brachte der Regengott Chac den dringend benötigten Regen nach Uxmal, und in Chichen Itzá galten Cenoten als Wasserspeicher und Behausungen von Göttern als heilig. Der historische Name des mit Regenwaldklima gesegneten Palenque stammte von Lama Ha, »Weites Wasser«, und in Teotihuacán verehrte man Tlaloc als Gott des Regens und der Dürre.

Es stimmt, dass Mexiko reich an natürlichen Ressourcen ist, und Wasser gehört dazu. Aber in manchen Gebieten, z. B. in Chiapas, ist sauberes Wasser – auf Grund von Verschmutzung und Industrialisierung – Mangelware. Es ist grausame Ironie, dass einer der weltweit größten Getränkehersteller die Wasserquellen ausschöpft und kontrolliert. Die Bevölkerung ist gezwungen, in Flaschen abgefülltes Wasser zu hohen Preisen zu kaufen oder aber das rare und möglicherweise verunreinigte Wasser anderer Quellen zu trinken. Inzwischen reagieren die Anwohner auf diese ungeheuerliche Ungerechtigkeit.

Angesichts der gigantischen Wasserkraft des Colorado River, der den Grand Canyon geschaffen hat und sich seinen Weg durch die Landschaft bahnt – mal majestätisch geruhsam, mal mit zorniger Gewalt –, werden wir demütig. Wasser in seinen vielen Formen ist auch das vorherrschende Element im Wrangell–Saint-Elias-Nationalpark, und besorgt werden die Gletscher als Indikatoren der globalen Erwärmung beobachtet. Hier wird Wasser wegen seiner Produktivität und seiner durstlöschenden und reinigenden Kräfte verehrt. Nach dem Tod trocknet der Körper in der Hitze aus – und gelangt dadurch in die Tlingit-Geistwelt. Wasserfälle gelten in vielen Glaubenstraditionen als heilig, so auch die Niagara-Fälle, deren Dunst die Seelen der Verstorbenen ins nächste Leben befördert. Die Zwillingsstädte Niagara Falls in Ontario und Niagara Falls in New York teilen sich die Wasserkraft der Fälle, hier entstand eine industrielle Landschaft, die einen Zwiespalt zwischen Fortschrittsbefürwortern und Umweltaktivisten hervorrief.

Während viel Wasser unterhalb der Erdoberfläche lagert, ist der Himmel ein Indikator plötzlicher Veränderungen in der Wasserversorgung, und frühe Kulturen hatten ein erstaunliches Wissen über Wolkenformationen. Sie verfolgten die Himmelskörper wie Sonne, Mond und Venus, und deren Bewegungen wurden ins Leben integriert. Machu Picchu ist meist von Wolken umhüllt, doch anhand der Ausrichtung der Bauten kann der Sonnenstand präzise ermittelt werden. Zur Zeit der Tagundnachtgleiche steht die Sonne direkt über dem Intiwatana-Stein und wirft keinen Schatten, was die seltsame Illusion schafft, als würden der Stein und die vermeintlich statische Sonne eine übernatürliche Verbindung eingehen. Die Pyramide des Zauberers in Uxmal erbaute der Legende nach der Himmelsgott Itzamna, während in Palenque die Himmelsgötter in Stein dargestellt und im Sonnentempel verehrt werden. Der Kukulkan-Tempel in Chichen Itzá ist nicht nur ein riesiger Kalender zur Berechnung der Zeit, sondern gibt der Sonne die Möglichkeit, zu bestimmten Zeiten im Jahr spektakuläre Schattenspiele zu veranstalten. Ähnlich wird die Zeit anhand kalendrischer Zeichen in Teotihuacán gemessen, wo wir auch eine herrliche Wandmalerei finden, in der sich Sprechschnörkel von Figuren, die um ein fliegendes Insekt tanzen, in der Luft winden. Der Serpent Mound, eine künstlich geschaffene Erdwallanlage in Ohio, wirft Fragen zur Anordnung auf, aber seine schiere Größe könnte darauf hinweisen, dass er von oben betrachten werden sollte – von den Himmelsgöttern. Der Hualapi-Stamm am westlichen Rand des Grand Canyon gibt heute Touristen die Möglichkeit, sich auf einem hufeisenförmigen Skywalk mit gläsernem Boden in über 12 000 Metern Höhe 21 Meter über den Felsenrand zu wagen. So können die Menschen des 21. Jahrhunderts die Erhabenheit der phänomenalen Landschaft aus der Sicht eines Adlers bewundern. Darüber hinaus verdient der Stamm so seinen Lebensunterhalt.

Kunst und Spiritualität durchziehen die Kultur der Tlingit, und die Geschichte vom Diebstahl des Tageslichts erzählt davon, wie die Sonne an den Himmel kam, während Lelawala bei den Niagara-Fällen noch immer im Dunst der Horseshoe-Fälle lebt. Und während die unterschiedlichen Orte, die wir besuchen, von individuellen Religionen und den Vorstellungen erzählen, die diese Glaubenssysteme schufen, haben sie doch die Suche nach dem Göttlichen und die Wertschätzung des Heiligen gemeinsam.

von links nach rechts Palenque in Mexiko; Grand-Canyon-Nationalpark in Arizona, USA; Wrangell–Saint-Elias-Nationalpark in Alaska; Niagara-Fälle, Ontario in Kanada und New York in den USA.

Machu Picchu Cuzco, Peru

Auf der ganzen Welt wurden Tempel errichtet, um die Gestalt von Bergen zu imitieren und gen Himmel zu weisen. Die Erbauer von Machu Picchu gingen noch weiter und gestalteten – dem Himmel so nahe, wie sie nur konnten – eine ganze Stadt. Auf einem Bergipfel der Anden, in 2430 Metern Höhe, bilden Tempel und Terrassen, Zeremonienkammern und Behausungen einen so malerischen Ort, dass der Dichter Pablo Neruda schrieb: »Machu Picchu ist eine Reise zur Klarheit der Seele, zur immerwährenden Vereinigung mit dem Kosmos …«

Manco Khapaq und seine Gattin Mama Oqllu schufen hier antike Kultstätten für Schutzgeister und Himmelsgötter und ersannen Regeln für die Landwirtschaft und das Handwerk. Dann kam im 15. Jahrhundert der Inkaherrscher Pachakuteq und baute die Festung. Er wird in einem Mausoleum verehrt.

Über einem üppig grünen, wunderschönen Tal erhebt sich eine Festung, deren Mauern von Inka-Handwerkern abgeschliffen und vergoldet wurden. Die höchsten Adeligen wurden mit Gold, Federn und Orchideen geschmückt. Die verschiedenen Bereiche hatten unterschiedliche Funktionen – eine heilige Stätte verehrt den Sonnengott Inti, eine andere verherrlicht Priester, Aristokraten und die Amautas, die weisen Ältesten. Zu den Aufgaben der Arbeiter gehörte die Errichtung eines Bewässerungssystems, der aus einem *puquio*, einer heiligen Quelle, Wasser in jedes Haus beförderte, um es zu segnen.

Nur die Einheimischen kannten Machu Picchu, bis im Jahr 1911 der amerikanische Forscher Hiram Bingham die Stätte entdeckte. Er bemerkte, dass die Unzugänglichkeit des Ortes ihn vor den Konquistadoren gerettet hatte, und erkannte auch sofort den spirituellen Zweck der Ruinenstadt: die Toten zu ehren und die Sonne zu begrüßen.

Seltsamerweise bestand die Bewohnerschaft wohl hauptsächlich aus Frauen. Viele Skelettfunde weisen auf absichtliche Deformationen der Schädel hin – vielleicht im Streben nach Verschönerung zugefügt oder aber mit dem Wunsch verbunden, sich mit dem Kosmos zu vereinigen.

links Diese Luftaufnahme vermittelt einen Eindruck der schwindelerregenden Lage Machu Picchus hoch über dem Fluss Urubamba. Tropischer Regenwald umgibt die Ruinenstadt, die an einem so steilen Berg errichtet wurde, dass man sie durch künstliche Terrassen stabilisieren musste.

oben Mehr als 100 Steintreppen führen in der Ruinenstadt hinauf und hinunter, viele davon wurden aus einem einzigen Granitblock gehauen. Es ist ein Wunder, wie man solche Gewichtsmassen ohne die Hilfe des Rades den Berg hinaufschaffte, und es ist bedauerlich, dass dieses Wissen wohl verloren ist. Doch an diesem landschaftlich so reizvollen Ort schufen meisterliche Handwerker eine Harmonie zwischen Mensch und Natur.
Hier schwingt überall bedeutungsvolle Energie.

oben Unter dem Sonnentempel liegt das Königsgrab mit mehr als 100 mumifizierten, zumeist weiblichen Körpern. Hier und überall in der Stadt wurde eine außergewöhnliche Konstruktionsweise, Ashlar(Quaderstein)-Technik genannt, angewandt. Steinblöcke wurde so behauen, dass man mit ihnen ohne Mörtel Mauern errichten konnte. In diesem Fall bilden sie sogar eine Konstruktion mit Kurven und Konturen.

oben Vom Heiligen Platz führt eine Treppe zu einem Sonnen-Observatorium, dem Intiwatana-Hügel – eine Stufenpyramide mit einem eckigen Stein auf der Spitze. Der Intiwatana wird für eine Sonnenuhr gehalten. Doch leider benutzten die Inka trotz ihrer vielen Kenntnisse keine Schrift, sodass wir keine schriftlichen Hinweise darauf haben, wie sie solch ein Instrument verwendeten.

Pyramide des Zauberers

Uxmal, Yucatán, Mexiko

Die Mayastadt Uxmal wurde zwischen 700 und 1000 n. Chr. errichtet, und ihre Gestaltung illustriert das Verständnis der Maya von Astronomie, Zeit und Kosmologie. Die verschiedenen Namen ihrer sagenumwobenen Hauptkonstruktion weisen auf ihren Zweck hin: »Pyramide des Zauberers«, »El Divino« und »Pyramide des Wahrsagers« beschwören Bilder von spirituellen, übernatürlichen Kräften in der materiellen Welt herauf. Der Legende nach schuf Itzama, Gott des Himmels, der Finsternis und des Lichts, das Bauwerk über Nacht.

In dieser einst lebhaften Stadt mit 25 000 Einwohnern steht auch ein Gebäude, das die Spanier fälschlicherweise »Nonnenviereck« nannten, weil es sie an europäische Klosteranlagen erinnerte. Die Mauern sind mit erstaunlich detaillierten Verzierungen bedeckt, die ebenfalls kosmografische Bedeutung haben: Sie erzählen vom Himmel, von Göttern und der Schöpfung. Das Quincunx-Muster – aus fünf Objekten, von denen vier an den Ecken eines Vierecks und das fünfte im Zentrum liegt – bezieht sich auf die vier Kardinalpunkte und einen fünften in der Mitte. Es repräsentiert ein Portal zu einem anderen Reich und den Ursprung der Schöpfung. Dieses Muster wiederholt sich an den Mauern und war einst farblich hervorgehoben. Das »Nonnenviereck« war vermutlich Ausbildungsstätte für Heiler, Astrologen, Schamanen und Priester.

Religiöser Glauben verbindet das Irdische mit dem Himmlischen. In der Kultur der Maya ermöglichte das Verständnis der Vergangenheit und deren zyklischer Wiederkehr, die Zukunft vorherzusagen. Der Schamane interpretierte die Zeichen und fungierte als Medium zwischen der spirituellen und der irdischen Welt. Heutige Besucher kommen, um eine Licht-Ton-Show oder ein Fest zu erleben – oder um die Atmosphäre zu genießen und über Kunst und Kultur der Maya nachzudenken, die in den Religionen der Welt nach wie vor eine wichtige Rolle spielen.

links und unten Man sagt, Maya-Künstler hätten keinen Raum ungenutzt gelassen und es genossen, ihre Kultur zu illustrieren. Die Schrift der Maya besteht aus Hieroglyphen, häufig sehr stilisiert und geometrisch. Sie ist ästhetisch anspruchsvoll, und viele Zeichen repräsentieren Objekte, Klänge oder Konzepte. Der Gouverneurspalast (unten) hat eine lang gestreckte, kunstvoll behauene Fassade. Die Kreuze am Fuß der Pyramide des Zauberers (links) beziehen sich auf die Ekliptik – die scheinbare Bahn der Sonne am Himmel –, Symbol einer Kultur, die sich der Astronomie verschrieben hatte.

oben Da sie ihre alte Haut abstreifen, repräsentieren Schlangen die Wiedergeburt. Sie galten zugleich als »Vehikel« der Himmelskörper am Firmament. Hier fällt auf, dass die Musterung der Haut der Klapperschlange in die der umliegenden Steine übergeht. Diese repetitive Geometrie verwendeten die Schamanen vielleicht als Hilfsmittel für ihre Prophezeiungen.

oben Pyramiden sollten das Profil heiliger Berge nachbilden und gen Himmel weisen, um Astronomen die Möglichkeit zur Observation zu geben. Archäoastronomen haben berechnet, dass im Jahr 760 n. Chr. der Halleysche Komet nahe an der Venus und dem Sichelmond vorbeiraste. Von den westlichen Stufen der Pyramide des Zauberers hätte man damals eine totale und eine ringförmige Sonnenfinsternis und zweimal eine partielle Mondfinsternis beobachten können.

oben Masken des Gottes Chaak an der Fassade des »Nonnenvierecks«. Der Gott des Regens und des Donners wird auch mit der Landwirtschaft assoziiert, worauf auch ein Quincunx-Muster (siehe S. 17) verweist. In einigen Regionen Mexikos »zentrieren« Bauern noch immer ihre Felder, indem sie fünf Punkte markieren und so auf den Ursprung der Schöpfung deuten.

Palenque Chiapas, Mexiko

Im Regenwald von Chiapas, durchzogen von den Flüssen und Bächen, die ihr den früheren Namen, Lama Ha (Weites Wasser) gaben, steht die antike Stadt, heute als Palenque bekannt. Der Ort ist seit ca. 2000 Jahren bewohnt, doch Inschriften datieren die Stadt auf das Ende des 4. Jahrhunderts n. Chr. Die Blütezeit der Kultur lag zwischen 500 und 700 n. Chr., in der klassischen Maya-Zeit. Künstlerischer Eifer und wissenschaftliche Forschungen sind in Palenques Mauern verewigt. Kunstvolle Gravuren, Reliefs und farbenfrohe Stucktafeln veredeln eine Stadt, die die Götter des Regens und des Maises, der Sonne, des Mondes und der Venus verherrlicht. Sie erzählen von einer Gesellschaft, die den Kosmos erforschte und mit kosmischen Mustern die Zyklen von Wachstum und Ernte darstellte. Die Maya glaubten, der Gott Hunab-Ku habe die Menschheit erschaffen, deren erster Fuß aus dem Kapokbaum entstand – und an jeder der vier Ecken der Erde stünde solch ein Baum, während vier Götter, die *cargadores*, das Himmelszelt trügen. Zeitliche Wendepunkte wurden mit Feuer-Ritualen gefeiert, an denen die ganze Gemeinde teilnahm. Der Geruch von brennendem Harz, die Klänge der Gebete und Lieder, die Folgen des Fastens und das Gedränge von Menschenmassen – all dies muss ähnlich gewesen sein wie auf manchen Wallfahrten von heute. Aber die antiken Götter forderten von den Menschen schreckliche Opfer, die heutige Kulturen nicht mehr dulden könnten.

Pakal der Große war ein Herrscher, dessen Visionen und Führungsqualitäten der Stadt zur wahren Größe verhalfen. Sein Grab im Tempel der Inschriften, das jahrhundertelang unentdeckt blieb, birgt Geheimnisse der Dynastie und der Gottheiten. Der nach seinen Hieroglyphen benannte Tempel ist ein Mikrokosmos der Unterwelt, der Erde und des Himmels.

Palenques Geschichte wird von den Archäologen enthüllt, die nach und nach die Inschriften entschlüsseln, während Besucher hier über den Zusammenhang von Kunst, Architektur und Kosmologie staunen.

rechts An der bewaldeten Sierra de Don Juan steht der Tempel der Inschriften und, links davon, der gut erhaltene Sonnentempel, nach der Jaguar-Sonne der Unterwelt benannt. Im Tempel der Inschriften führt in einer weiteren Pyramide eine Treppe hinab zum Grab Pakals des Großen. Die Zeichnungen darüber zeigen den Sturz des Herrschers in die Unterwelt.

oben links Im Palast gibt es vier solcher Innenhöfe. Der Dunst über dem Wald weist auf das Klima hin – man brauchte solche überdachte Plätze mit Blick auf den Hof. Steintafeln an den Außenseiten tragen Inschriften und Bilder, die von Herrschern, Göttern, Ritualen und der Unterwerfung von Gefangenen erzählen, während die Innenräume üppige Stuckornamente zieren.

oben Der Palast besteht aus 13 Kammern, einem Turm und unterirdischen Räumen. Sein Status ist an der Höhe, den Themen der Malereien und an einem Thron für Rituale und Zeremonien zu erkennen. Der ungewöhnlich gestaltete Turm bleibt jedoch ein Mysterium. Er könnte entweder als Wachturm oder als astronomisches Observatorium gedient haben.

links Dieser Ausschnitt einer Steintafel im mittleren Hof des Palasts ist typisch für Maya-Reliefs, die ihre eigene Geheimsprache sprechen. Die linke Hand auf der rechten Schulter ist ein Zeichen des Respekts oder der Unterwerfung. Andere Tafeln zeigen Figuren, die noch nach ihrem Tod eine Rolle in der Gesellschaft spielen; dies ist an ihrer Kleidung zu erkennen.

Chichen Itzá Yucatán, Mexiko

Der flache, poröse Karstboden in Yucatán saugt das Wasser von der Oberfläche auf, keine Flüsse bewässern diesen Landstrich. Deshalb wurden die Dolinen (Cenoten), die in diesem großen Zentrum der Maya und Tolteken wertvolles Wasser lieferten, als heilig verehrt. Chichen Itzá heißt »Mund des Brunnens der Itzá«. Cenoten dienten auch als *xibalba* – Tore in ein anderes Reich – und beherbergten bedeutende Götter. Von den beiden Cenoten hier wurde einer so hoch geschätzt, dass er mit wertvollen Votivgaben bedacht wurde. Für die Maya war Spiritualität über und unter der Erde zu finden; sie kartografierten den Himmel und erforschten Himmelskörper, um den Kosmos zu verstehen.

Zu Chichen Itzás Bauwerken gehören der Kriegertempel, die Kukulkan-Pyramide, El Caracol (Schneckenturm), der Ballspielplatz und der Jaguartempel. Jedes hatte eine spezielle Funktion, die die Künstler mit Verzierungen verdeutlichten, und wie in vielen Kulturen stützten sich Funktion und Glaube gegenseitig. Die Kukulkan-Pyramide etwa, dem gefiederten Schlangengott gleichen Namens gewidmet, diente als riesiger Kalender. An den vier Seiten führen jeweils 91 Stufen nach oben – zählt man zu den Stufen noch die letzte vor dem Tempel oben hinzu, ergibt das 365 – die Anzahl der Tage im Jahr. Zur Zeit der Sonnenwende werfen die Treppen einen schlangenlinienförmigen Schatten zu einem steinernen Schlangenkopf am unteren Ende und kündigen so die neue Jahreszeit an.

Der Ballspielplatz erlaubte besondere Nähe zu den Göttern und stellte ein Gleichgewicht zwischen gegensätzlichen Kräften her, etwa zwischen Tag und Nacht. Am Ballspiel, einem wichtigen religiösen Ritus, nahmen pro Mannschaft sieben Spieler teil. Die Tore befanden sich in 6,50 Metern Höhe, und wenn man sich in die Mitte stellte und rief, ertönten sieben Echos. Multipliziert mit 13 (die Anzahl der Schritte, die ein Maya gehen musste, um in den Himmel zu gelangen) ergibt das wiederum 91 – die Anzahl der Stufen an jeder Seite de Kukulkan-Pyramide.

vorhergehende Seiten Die über 24 Meter hohe Kukulkan-Pyramide (El Castillo) repräsentiert die neun Ebenen der Unterwelt. Auf jeder Seite führen 91 Stufen zum Tempel hinauf, der Bildnisse von Göttern, Priestern und Kriegern aufweist. Innen findet man eine kleinere Pyramide, die wiederum einen Tempel mit einem roten Thron in Gestalt eines Jaguars mit Jadeaugen birgt.

rechts Von El Castillo aus blickt man auf den Kriegertempel, benannt nach den Hunderten von Basrelief-Kriegern an den Säulen vor und neben dem Bauwerk. Diese Säulen haben wohl einmal ein Strohdach getragen. Gemeißelte gefiederte Schlangen bewachen die Stufen, die zum Tempel hinaufführen.

rechts In Chichen Itzá liegen Schönheit und Grausamkeit nahe beieinander. Die Mauer der Schädel, Tzompantli, markiert den Ort, an dem die Köpfe von menschlichen Opfern ausgestellt wurden. Keine zwei der Schädel sind identisch, und alle blicken in dieselbe Richtung. Auch Adler, Schlangen, Krieger und gefiederte Schlangen sind abgebildet. Diese Motive werden an anderen Stellen wiederholt.

links Am Eingang des Kriegertempels findet man auf einem Chac-Mool-Altar ein Tablett für Opfergaben. Chac Mool war wohl ein Bote zwischen Menschen und Göttern. Der Altar ist von zwei säulenförmigen gefiederten Schlangen flankiert, die Kukulkan repräsentieren.

Teotihuacán Mexiko-Stadt, Mexiko

Zwei riesige Pyramiden und der Tempel der Gefiederten Schlange beherrschen die geometrisch angelegte heilige Stadt Teotihuacán, die aus Hunderten von Gebäuden besteht. Dieses bedeutende religiöse Zentrum wurde zwischen dem 1. und dem 7. Jahrhundert n. Chr. errichtet, und zu seiner Blütezeit war es mit über 100 000 Bewohnern eine der größten Städte der Welt. Niemand weiß, warum die Stadt im 7. Jahrhundert verlassen wurde, aber als die Azteken etwa 600 Jahre später hierherkamen, fanden sie nur Ruinen vor. Dennoch waren sie überwältigt von der Kraft dieses Ortes und sicher, dass dies die Geburtstätte der Götter sein musste. Sie nannten die Stadt Teotihuacán, was in der Nahuatl-Sprache der Azteken »Platz der Götter« bedeutet.

Der gefiederte Schlangengott, Quetzalcoatl, wird in einem Tempel verehrt, der wohl auf der Grundlage des 250-tägigen Kalenders die Zeit angab. Für jeden Tag eines Jahres gab es einen gefiederten Schlangenkopf. Der Name des Gottes ist eine Zusammenfügung der Wörter *quetzal*, wertvolle Feder, und *coatl*, Schlange. Die Schlangenform steht für irdische Fruchtbarkeit, die langen grünen Quetzal-Federn gelten als selten und wertvoll und sind wunderschön.

Aber warum wurde die Stadt hier erbaut, und warum hatte sie so große religiöse Bedeutung? Die Sonnenpyramide könnte die Anwort liefern. Unter ihr fand man eine Höhle mit vier Kammern. Für frühe Mesoamerikaner besaßen Höhlen einen hohen Stellenwert. Sie wurden mit dem Mutterschoß assoziiert und galten als Geburtsstätten von Göttern; sie beherbergten die Ahnen und waren Tore zur Unterwelt. Die Höhle unter der Sonnenpyramide hatte vier Kammern, die die vier Ecken des Kosmos symbolisierten und die Kraft der Höhle noch verstärken sollten. Es verwundert also kaum, dass sich hier Menschen niederließen, Landwirtschaft betrieben und rund um diesen Ort der Energie, der Quelle von Zeit und Schöpfung, Gebäude errichteten.

rechts Das Sonnenlicht zeichnet Schatten auf die Treppen der Pyramiden und verleiht diesen gewaltigen Bauwerken besondere Autorität. Einst hatten nur die Priester und Würdenträger Zugang zu den Treppen und Plattformen, die für Zeremonienzwecke reserviert waren. Heute dürfen Touristen ganz nach oben steigen und die bedeutungsschwangere Atmosphäre dieses außergewöhnlichen Platzes in sich aufnehmen.

ganz links In der Mitte der Stadt liegt die Ciudadela, eine rund 160 000 Quadratmeter große Plaza, die einst wohl eine Arena für rituelle Vorführungen war. Die Treppen der Hauptpyramide sorgten für eine ganz besondere Akustik: Sie geben ein Echo, das dem Ruf des Quetzal-Vogels ähnelt. Der Vogel gab dem gefiederten Schlangengott Quetzalcoatl – der mit der Venus assoziiert wird – den ersten Teil seines Namens.

Mitte Die Fassaden der großen Gebäude in Teotihuacán sind mit vielen Wandmalereien geschmückt. Die Farben bestanden aus einheimischen Farbstoffen wie dem tiefroten Hämatit. Rot symbolisierte Blut und Unsterblichkeit, Schwarz Tod und Ernsthaftigkeit. Wir wissen zwar nicht, welche Laute aus dem Mund der Figuren kamen, aber wir sehen, dass sie sich auf der gleichen Ebene wie die Schmetterlinge befanden, die vielleicht das Leben nach dem Tod versinnbildlichten.

links Reliefs wie dieses waren ursprünglich bunt bemalt, noch immer erkennt man in tieferen Konturen Spuren von Farbpigmenten. Man glaubt, dass dieser Kopf den Jaguar-Aspekt von Tlaloc – dem Gott des Regens, der Überflutung und der Dürre – symbolisiert. Der Jaguar-Palast ist eine der kleineren Pyramiden, in denen vielleicht die Hohepriester wohnten.

Serpent Mound

Ohio Brush Creek, Ohio, USA

Der Serpent Mound (Schlangenhügel) ist ein geschwungener Erdwall mit geringeltem Schwanz, sieben Windungen und einem ovalen Kopf. Mit gut 400 Metern Länge ist dies der größte bekannte gestalthafte Erdhügel der Welt. Doch diese simplen Fakten täuschen über das verschlungene Mysterium der »Schlange« hinweg, das bei näherer Erforschung zutage tritt. Grabstätten in der Nähe stammen von der Adena-Kultur (500–200 n. Chr.), und lange hieß es, sie hätte auch den Serpent Mound geschaffen, obwohl das angenommene Entstehungsdatum dem widerspricht – was das Naturdenkmal noch geheimnisvoller macht. Andere Forscher favorisieren die Fort-Ancient-Kultur (900–1600 n. Chr.), aber warum der Hügel erbaut wurde, ist eine andere Frage. Die Schlange befindet sich über der Narbe einer großen Cryptoexplosion – einer meteorischen, gasförmigen oder vulkanischen Eruption. Wir können nur spekulieren, warum dieser Platz gewählt wurde – vielleicht, um die Wunde in der Erdkruste zu »heilen« oder als Erwiderung auf den »Anschlag« auf die hiesige Topografie. Auch die Lage des Hügels, der im Hochsommer den Sonnenuntergang und im Winter den Sonnenaufgang markiert, führte zu Diskussionen. Jedenfalls weisen jene, die ihn der Fort-Ancient-Kultur zuschreiben, darauf hin, dass der Halleysche Komet im Jahr 1066 viele Völker in Angst und Staunen versetzte. Es ist verlockend, anzunehmen, dass der Serpent Mound gebaut wurde, um diesen gewaltigen Pfeil des himmlischen Lichts zu ehren – oder auch die Supernova, die 1070 zwei Wochen lang am Himmel zu sehen war.

rechts Der rätselhafte Serpent Mound liegt in einem Krater über einem Höhlensystem. Schlangen hatten lange Zeit starke Symbolkraft und standen für Weisheit, auch weil ihr Gift in schamanischen Ritualen verwendet wurde. Frühe Künstler benutzten Muster wie Schleifen und Spiralen als Meditationshilfen und Mittel der Bewusstseinserweiterung.

Grand Canyon National Park

Arizona, USA

Seit Millionen von Jahren formt der Colorado River den Grand Canyon und legt dabei in Form von farbigen Gesteinsschichten und schwindelerregenden Felsskulpturen die Erdgeschichte frei. Seit mindestens 4000 Jahren haben auch Menschen hier gearbeitet. Trotz widriger Umstände leben in dieser Region zahlreiche Stämme, die aus ihrem Glauben und ihrem religiösen Lebensstil Kraft ziehen. Es sind Jäger und Sammler, Bauern, Weber, Nomaden und Siedler. Obwohl die vielen Völker das Heilige häufig völlig unterschiedlich interpretieren, gibt es doch einige Übereinstimmungen in ihren Mythen, die die Spiritualität des Grand Canyon prägen.

Nach der Tradition der Hopi-Indianer kamen ihre Vorfahren, die Hisatsinom, durch eine unterirdische Höhle, in der sie noch immer leben, in den Canyon. Machu, der Wächter der Welt, kam mit den Hopi überein, dass sie bleiben dürften, wenn sie hier den Wachdienst übernähmen. Der Schutz des Landes ist für sie demnach heilige Pflicht, sein Wohlergehen liegt in ihren Händen. Die Navajo, auch als Diné bekannt, die vor etwa 700 Jahren hierher kamen, haben sich ebenfalls dem Schutz der Schöpfung verschrieben. Die Kachina, Urgeister der Berge, sollten nicht verärgert werden, indem Menschen die Erde plündern. Anhänger der Havasupai-Religion müssen die »Großmutter Canyon« beschützen, da dies in ihrem Glauben die Geburtsstätte der Menschheit ist und hier die alljährliche Erneuerung der Schöpfung stattfindet.

Dies also ist eine Landschaft, die von den Ureinwohnern tief verehrt wird. Sie hoffen darauf, dass sich ihr Geist einst mit dem ihrer Ahnen vereinen wird. Manche Außenstehende ignorieren den Glauben der Stämme und ihren Wunsch, heilige Pflichten gewissenhaft auszuüben, und beanspruchen das Recht, die natürlichen Ressourcen des Canyons für die Industrie und Freizeitbeschäftigungen zu nutzen. Obwohl viele Stämme Besucher willkommen heißen, sollte dennoch jeder Tourist den Lebensstil jener respektieren, die sich hier mit mehr Recht aufhalten als er selbst.

rechts Die Landschaft des Canyons ist atemberaubend schön und wundersam, aber auch sehr gefährlich. Blitze können hier 16 Kilometer weit reichen; Sturzfluten kommen wie aus dem Nichts und bestätigen, dass die Natur hier die Oberhand hat und – wie es die hier lebenden Stämme schon immer taten – respektiert werden muss.

oben Der Marble Canyon markiert die westliche Grenze der Navajo-Nation und ist mit etwa zwei Kilometern Breite die schmalste Stelle des Grand Canyon, der sich über 445 Kilometer windet und schlängelt. Auch die Behörden erkannten, dass ohne Umweltschutzprogramme Tiere wie der Weißkopfseeadler und der Grauwolf vom Aussterben bedroht sind. Glücklicherweise schützt der Nationalparkstatus die seltenen und gefährdeten Spezies.

ganz oben In Zeiten guter Ernten mussten Bauern ihre Erträge lagern können. Die Nankoweap-Kornspeicher sind Kammern, die die Anasazi mithilfe von Lehm und Backsteinen in Felshöhlen bauten. Sie sind mit den unterirdischen Kammern vergleichbar, aus denen heraus die Saat des Lebens nach oben wächst. Die Desert-Culture hinterließ in Höhlen Ast-Figurinen von Tieren – Hinweise auf Rituale, mit denen Glück bei der Jagd erbeten wurde.

rechts Artefakte im Canyon beweisen, dass hier schon vor 12 000 Jahren Menschen lebten. Doch nur ein Bruchteil davon wurde eingehend untersucht, viele Geheimnisse sind noch ungelüftet. Die Aura von Macht und Mysterium ist nahezu greifbar. Die Vorstellung, dass wir aus Staub entstanden sind, wird hier konkret. Natürliche Prozesse verändern die Landschaft, aber der Geist, den man hier spürt, ist unzerstörbar.

Wrangell–Saint–Elias–Nationalpark und Naturschutzgebiet

Alaska, USA

Beiderseits der Grenze zwischen Kanada und Alaska erstreckt sich ein vielfältiger Landstrich aus Bergen, Küsten und dem weltweit größten nicht polaren Gletscher. Eines der weitläufigsten Naturschutzgebiete der Erde beheimatet sensible Ökosysteme und bedrohte Arten. Hier leben Schwarz- und Grizzlybären, Elche und Karibus, Adler und Lachse. In Zeiten des Klimawandels ist das Gebiet noch gefährdeter, weil die Gletscher so vergänglich zu sein scheinen wie Wildblumen. Die Wildnis ist ein Geschenk der Götter und muss entsprechend behandelt werden.

Die Bevölkerungsdichte ist hier niedrig, aber da Menschen hier seit Jahrtausenden leben, haben sie tiefe kulturelle Wurzeln. Sie

erkennen den Geist, der diesen Ort umgibt. Für die Tlingit und die Chugach ist die natürliche Welt unabänderlich mit allem, was darin lebt, verbunden. Die alten Götter und Geister beherrschten die Elemente und bestimmten, wie sich die Kreaturen im Wasser und auf den Bergen verteilten. Diese Tiere wiederum konnten von Schamanen – Priester, Heiler und Führer zugleich –angerufen werden. Für die Tlingit trägt jeder die Quelle des Lebens in sich, sie kann mit Atmen gleichgesetzt werden, und nach dem Tod und der Einäscherung gelangt die Seele über Wälder und Berggipfel auf die »andere Seite«. Der Glauben der Tlingit birgt viele Beispiele natürlicher Zweiteilung – jeder Aspekt des Lebens hat sein Gegenstück. Der Wald mit seinen lauernden Gefahren steht im Kontrast zu der offenen, flachen Oberfläche des Meeres, das viel Nahrung liefert. Auf der einen Seite gibt es versteckte Kräfte, auf der anderen offensichtlich erkennbare.

oben Wrangell–Saint Elias, bekannt als das »Gebirgskönigreich Nordamerikas«, ist nach zweien seiner Gipfel benannt. In anderen Kulturen baute man Tempel, Pyramiden und Türme, um die Berge nachzuahmen, hier gab es einst keine künstlichen Gebetstätten. Das Land und alles, was es ernährte, schuf Spiritualität, weil die Natur ihren eigenen Willen, ihre eigenen Kräfte und Geheimnisse hat.

oben Bagley ist einer der größten Gletscher auf dem nordamerikanischen Kontinent. Seine Eiswände und -brücken glitzern im Schein der Sonne, ehe diese hinter dem Berg verschwindet. Alte Tlingit-Geschichten sind im kulturellen System verwurzelt. Möglicherweise ist hier der Ursprung der Geschichte vom »Diebstahl des Tageslichts« zu finden. Die wunderbaren Sagen und Legenden der Tlingit, deren Sprache nur noch etwa 800 Menschen beherschen, werden von Generation zu Generation weitergegeben.

oben Am Petroglyph Beach in Wrangell findet man über 40 Steingravuren. Sie zeigen Tiere, Menschen und Muster und haben magischen oder religiösen Zwecken gedient. Die Spirale, um deren Mittelpunkt sich alles dreht, ist eines der ältesten kosmischen Symbole und wird noch immer als Meditationshilfsmittel verwendet. Aus der Spirale hat sich vermutlich das Labyrinth entwickelt

oben Eisberge brechen vom Nizina-Gletscher ab, gleiten in den See und nähren den Fluss. Den See umgeben erhabene, lichtdurchlässige Eisberge, und der Fluss windet sich durch die bergige Landschaft, um sich mit den Flüssen Chitina und Copper zu einem weitläufigen Delta-Ökosystem mit Lachsen und anderen wertvollen Geschenken der Natur zu vereinen.

Niagara-Fälle

Ontario, Kanada, und New York, USA

In *American Notes* schrieb Charles Dickens, bei den Niagara-Fällen habe er das Gefühl, »meinem Schöpfer nahe zu sein … Friede im Geist, Stille, Erinnerungen an die Toten, Gedanken an ewige Ruhe und Glück …« Für die Irokesen waren die Fälle heilig, weil Manitou, Schöpfer und Lebensspender, hier wohnte. Hier konnten die guten Geister der Toten im Wasserdunst nach oben, in die ewigen Jagdgründe aufsteigen, während die bösen Seelen für ewig in den Turbulenzen gefangen blieben.

Eine berühmte, in vielen Varianten überlieferte Geschichte erzählt von Lelawala, dem Mädchen des Nebels. Ihr Stamm, die Ongiaras, wurde von einer unbekannten Krankheit heimgesucht. Sie versuchten, den Donnergott Hinum mit Geschenken zu besänftigen, aber noch immer starben viele. So beschlossen sie, die schöne Lelawala zu opfern. Mutig stieg sie ins Kanu, wurde aber in der Mitte des Wasserfalls von Hinums beiden Söhnen gefangen genommen. Sie versprach, den zum Mann zu nehmen, der ihr die vielen Toten erklären könnte. Der jüngere erzählte von einer Schlange, die das Wasser vergiftet hätte, damit sie die Toten fressen könnte. Lelawalas Geist überlieferte ihrem Stamm diese Neuigkeit, und dieser konnte die Schlange besiegen. Die sterbende Schlange bildete die halbrunde Kante der Horseshoe Falls, und Lelawala lebte weiter als Mädchen des Nebels.

links und unten Die Schönheit der Niagara-Fälle ist atemberaubend. Man erlebt ihre ungeheure Kraft visuell, akustisch und auch emotional. Natürliche negative Ionen, die man in Bergen und an Küsten findet, werden hier durch die Wucht der Wassermassen gebildet. Die Ionen haben einen vitalisierenden Effekt und führen zu schärferem Bewusstsein. Dies trug wohl zu der Annahme bei, dass die Fälle lebensstärkende Wirkung hätten.

Europa

Die in Europa am weitesten verbreiteten Religionen sind heute Christentum, Islam und Judentum, und obwohl Europa die höchste Anzahl an Atheisten und Agnostikern in der westlichen Welt aufweist, steigen Wallfahrten in der Beliebtheit. Diese Pilgerfahrten führen zu Orten mit spiritueller Bedeutung, und die Gläubigen bitten dort um Heilung, Vergebung oder geistige Führung. In Europa begaben sich Mittelmeeranwohner seit dem 4. Jahrhundert auf Wallfahrten; im Lauf der Zeit breitete sich dieser Brauch über den ganzen Kontinent aus, was auch zu mehr Handel und Wohlstand bei den Zielorten und Rastplätzen unterwegs führte.

Die Natur spielt bei der kulturellen Entwicklung eine große Rolle, und ebenso haben kreative Werke der Menschheit den Landschaften und Elementen, die sie inspirierten, ihren Stempel aufgedrückt. Der hier abgebildete Thingvellir-Nationalpark in Island ist ein gutes Beispiel für diese heilige gegenseitige Beeinflussung von Mensch und Natur.

In diesem Kapitel besuchen wir Pilgerstätten, von denen viele von historischen Figuren, den Heiligen der frühen Christenheit, erzählen, von ihren Reisen und ihrer unbeugsamen Entschlossenheit, mit der sie ihren noch jungen Glauben in die allgemeine Kultur einführten. Doch lange, bevor die Heiligen zur Welt kamen, gab es in Europa polytheistische Religionen, deren Anhänger in Wäldern, an Wasserquellen und anderen Orten in der Natur beteten – wie etwa im heutigen isländischen Thingvellier-Nationalpark.

Diese natürlichen heiligen Stätten bestimmten Menschen, deren Namen wir nie erfahren werden. Sie meißelten ihren Glauben, ihre Ängste und Hoffungen in die Landschaft. In Lascaux etwa malten Künstler vor 17 000 Jahren mit farbiger Erde und Kohle ihre Welt der Tiere und der Jagd an die Wände von Höhlen, in denen sie mit Ritualen, zu denen auch das Malen gehörte, Kontakt zur Geisterwelt aufnahmen. Sie verzierten eine heilige Stätte, durch die sie in ein anderes, unbeschreibliches Reich gelangten. Die vor Regen und Erosion geschützten Höhlen überdauerten bis in eine Zeit, die sich die damaligen Künstler nicht erträumen konnten. Auch am norwegischen Alta-Fjord bildeten Künstler Tiere ab. Dort meißelten sie die Figuren in Stein an der Erdoberfläche. Da sie den Elementen ausgesetzt waren, wurden sie besonders tief eingemeißelt. Die Bewegungen der Tiere waren weniger fließend und dynamisch wie in den Höhlenzeichnungen von Lascaux, aber wie jene basierten die abgebildeten Kreaturen und Szenen auf der Wechselwirkung zwischen spiritueller und körperlicher Existenz. Auch das herrliche White Horse im englischen Uffington liegt ungeschützt im Freien. Die Umrisse wurden tief in den Boden gegraben, und das Pferd ist so groß, dass es aus unmittelbarer Nähe nicht zu erkennen ist; man sieht nur abstrakte Linien.

Auch mit dem heiligen Franz von Assisi assoziiert man Tiere. Er predigte zu den Kreaturen der Luft und der Erde, und da er weltlichen Komfort mied, lebte er in Armut und Bescheidenheit, ebenso wie der heilige Patrick in Irland und der heilige Ninian in Schottland. Die beiden studierten im französischen Kloster des heiligen Martin von Tours, und beide wollten danach das Christentum verbreiten. Die Orte, die wir mit diesen Heiligen in Beziehung bringen, sind nach wie vor Wallfahrtsstätten, so etwa die Canterbury Cathedral mit ihrer außergewöhnlichen Geschichte.

Die früheste Verbindung mit dem Christentum in Großbritannien hatte jedoch Glastonbury – Jesus selbst soll als Kind mit Joseph von Arimathea hier gewesen sein. In Glastonbury gab es schon seit prähistorischen Zeiten ein breites Spektrum spi-

ritueller Aktivitäten. Wie bei vielen anderen antiken Stätten von spiritueller Bedeutung führte ein Wechsel der Nutzung zu einer Verschiebung im religiösen Fokus. Beim Castlerigg-Steinkreis in Cumbria indessen ist der Mittelpunkt der geistlichen Aktivität ein einziges Feld, auf dem alle Steine innerhalb von ein paar Minuten zu erreichen sind. Eine kleine Arena ist von Monolithen eingekreist, die die Himmelskörper symbolisieren und deren Kraft in diese frühe Kultur einbrachten. Einen ähnlichen Zweck hatten wohl die stehenden Steine in Carnac in Frankreich, wenn auch die Stätte und einige der Steine gigantisch groß sind.

Ganz in der Nähe, in der Kathedrale von Chartres, hatten die Christen Kenntnisse der frühen Astronomie übernommen, und Tierkreiszeichen wurden als Symbole der Jahreszeiten in Glas und Stein verewigt. Chartres wurde an einem Ort gebaut, der schon lange für sein heiliges Wasser berühmt war. Heiliges Wasser ist auch der Grund, warum so viele – nach einer Marienerscheinung – ins französische Lourdes pilgern. Ebenfalls in Frankreich kann man die steilen Stufen zur Kirche Notre Dame in Rocamadour erklimmen. Dieser Ort der Wunder und selbst ein Wallfahrtsziel ist auch der Startpunkt des Jakobswegs, der über die Pyrenäen nach Spanien zur Kathedrale von Santiago de Compostela, dem Sternenfeld des heiligen Jakob, führt. Viele Pilger versuchen, dieses Ziel am Tag des heiligen Jakob, des Patrons der Apotheker und Drogisten, zu erreichen. Der heilige Jakob hat gewisse Ähnlichkeiten mit Apollo, dem griechischen Gott der Heilkunst, der wiederum mit Delphi, einer geheimnisvollen Pilgerstätte auf dem Berg Parnassus, verbunden wird. Der Berg Athos, die zweite griechische Stätte in diesem Kapitel, war einst ebenfalls den antiken Göttern geweiht – auch ein Tempel für Appolo befand sich dort. Doch im Lauf der Zeit wichen die antiken Götter dem Christentum, auch dank eines Besuchs der Jungfrau Maria, und heute ist Athos ein orthodoxes Mönchskloster. Von hier aus machten sich einst die Mönche auf den Weg, fort von der warmen griechischen Sonne in den kalten, ungemütlichen Nordwesten Russlands zum Kloster der heiligen Verklärung in Valaam, wo sich ein energischer kreativer Geist über wiederholte Kämpfe erhoben und die Stätte zum Ort der Heilung, Vergebung und Führung gemacht hat. Alle diese Orte in der hier angegebenen Reihenfolge zu besuchen, wäre wohl etwas unpraktisch, aber wenn man die Verbindungen der Plätze untereinander im Kopf hat, erkennt man die Gemeinsamkeiten dieser heiligen Stätten.

von links nach rechts Glastonbury Tor in Glastonbury, Somerset, England; White Horse in Uffington, Oxfordshire, England; Felszeichnungen, Alta-Fjord, Finnmark, Norwegen; Basilika San Francesco d'Assisi, Umbrien, Italien.

Glastonbury Tor

Glastonbury, Somerset, England

Die Kleinstadt Glastonbury ist ein Ort mit vielen Facetten, voller Legenden und Geschichte. Seit vielen Jahrhunderten pilgern Gläubige auf den Glastonbury Tor, zum Kloster, zu den heiligen Quellen und zum Wearyall Hill. Um die Anziehungskraft dieses Ortes zu verstehen, muss man wissen, warum die Region seit langer Zeit so verehrt wird.

Glastonbury war ursprünglich eine Insel in einem Feuchtgebiet. Die Region war schon in prähistorischer Zeit bewohnt, und um 300–200 v. Chr. lag hier ein keltisches Dorf. Im Lauf der Zeit trocknete das Gebiet immer mehr aus, und es entstand die Ebene, die heute als Somerset Levels bekannt ist. 158 Meter über diese Fläche erhebt sich der Glastonbury Tor, ein tropfenförmiger Hügel, der durch stetige Erosion geschaffen wurde. Vor Jahrhunderten schrieb man einer so unübersehbaren Erhebung inmitten dieses sumpfigen, nebligen Landes wohl automatisch spirituelle Bedeutung zu. Auf dem Tor wurden Zeichen für vor-christliche religiöse Riten gefunden, die sich vielleicht auf den runden Bauch der Erdgöttin bezogen. Die Seiten des Hügels sind terrassiert und bilden etwas, das viele für ein Labyrinth oder einen Prozessionsweg halten. Manches spricht für diese Theorie: Wenn der Gipfel des Hügels ein Zeremonienort war, führte ein entsprechend würdevoller Weg nach oben. Ein alter Name des Tor lautete *Ynys-witrin* (Glasinsel), aus keltischen Tagen stammt der Name *Ynys yr Afalon* (nach dem keltischen Gott Avallach). Unterhalb des Hügels soll Jesus als Knabe mit Joseph von Arimathea eine Kirche erbaut haben. Nach Jesu Tod kehrte Joseph zurück und rammte seinen Stock in den Boden des Wearyall Hill. Der Stock schlug Wurzeln und wuchs zum heiligen Glastonbury Thorn heran. Abkömmlinge dieses Baums sollen hier immer noch stehen und zu Weihnachten blühen.

Mit dem Evangelium brachte Joseph den Heiligen Gral, aus dem Jesus beim Letzten Abendmahl getrunken hatte. Er soll ihn am Fuß des Tor versteckt haben, wo fortan Wasser sprudelte, das jenen, die davon tranken, Gesundheit und Kraft verlieh. Aus der Geschichte dieser Quelle, Chalice Well, entstand vielleicht die Sage um König Artus und seine Suche nach dem Heiligen Gral.

Heute pilgern Christen und Nicht-Christen, Sucher des Heiligen Grals und – wegen des berühmten Festivals – Musikliebhaber nach Glastonbury. Hinter der Stadt wird der Tor durch das eisenhaltige Wasser von Chalice Well langsam immer höher, was ihm zeitlose Bedeutung verleiht.

vorhergehende Seite Die jungsteinzeitlichen Terrassen an den Hängen des Glastonbury Tor waren vielleicht ein geheimes Labyrinth mit magischer Bedeutung oder auch ein ritueller Zugangsweg zum heiligen Gipfel. Eine andere Theorie besagt, die Terrassen repräsentierten die Windungen einer eingerollten Schlange, Symbol für Erd- und Himmelskräfte.

oben An der Stelle einer Hügelfestung aus dem 5. Jahrhundert wurde eine Kirche gebaut, die 1275 bei einem Erdbeben einstürzte. Man ersetzte sie durch eine weitere Kirche, von der heute nur noch dieser Turm steht. Auf dem Hügel spürt man die magische Kraft dieser Landschaft, und man fühlt sich vom heiligen Michael beschützt, der von hochgelegenen Orten über die Menschen wacht und dem die Kirchen geweiht sind.

oben links und rechts Die Glastonbury Abbey ist angeblich das älteste Kloster Großbritanniens. Der Ort hatte schon viele Namen, darunter *Ynys yr Afalon* nach dem keltischen Gott Avallach, Herr der Insel Avalon. Seine Geschichte ist seit prähistorischen Zeiten untrennbar mit Mythos, Magie und Legenden verwoben.

White Horse in Uffington

Oxfordshire, England

Dieses stilisierte Pferd in Uffington ist Großbritanniens anmutigste und älteste Hügelfigur. Es besteht aus tiefen, in den Boden gegrabenen Furchen, in denen die weiße Kreide darunter sichtbar ist. Untersuchungen zeigten, dass der Grund der Furchen mindestens 2600 Jahre alt ist – das Pferd selbst ist wohl an die 3000 Jahre alt und gehört zum Welterbe der UNESCO.

Die außergewöhnliche Landschaft, die die Figur umgibt, wurde in der letzten Eiszeit von gewaltigen Kräften in Falten geworfen, an deren Fuß ein seltsamer Hügel mit flachem Gipfel, der Dragon Hill, liegt. Auf diesem Hügel soll der heilige Georg den Drachen erschlagen haben, und dessen Blut vergiftete das Gras, sodass

links Die außergewöhnliche Landschaft wurde in der letzten Eiszeit geschaffen. Die nahezu vertikalen Falten im Hügelhang führen zum Talboden, der »Krippe«, so benannt, weil in mondhellen Nächten das White Horse vom Hügel herabzusteigen scheint, um zu fressen. Künstler lieben diesen Ort, weil die abstrakten Formen die Vorstellungskraft inspirieren.

unten Diese Aufnahme fängt die magischen Elemente dieser wunderbaren Landschaft ein. Uffington Castle umgeben in die Erde gearbeitete Werke, das White Horse und der Dragon Hill. Der Manger (Krippe) ist das flache Tal links im Bild. Der alte Handelsweg unten, bekannt als Ridgeway, verbindet viele geheimnisumwitterte Orte.

unten Das 110 Meter lange White Horse ist aus der Nähe kaum zu erkennen, weil die Linien abstrakter werden, je näher man kommt. Aus der Vogelperspektive hat man den besten Überblick – was zu der Annahme führte, dass das White Horse für Epona, die keltische Mondgöttin und Beschützerin der Pferde, geschaffen wurde.

die Stelle bis heute kahl ist. Die Figur am Hang hält man für sein Ross – oder sogar für den Drachen selbst. Das Pferd befindet sich östlich der Auffaltungen, in Richtung der untergehenden Sonne. Oberhalb davon ist der Grund wiederum in Falten geworfen – dies ist eine eiszeitliche, im 7. Jahrhundert v. Chr. geschaffene Hügelfestung, heute Uffington Castle genannt. Dem Mythos zufolge ist die 110 Meter lange Figur ein angelsächsisches Siegeszeichen, das der Niederschlagung der Dänen durch Alfred den Großen im Jahr 890 n. Chr. gedenkt. Falls das Pferd schon vor der Festung hier geschaffen wurde, eigneten es sich jene, die hier lebten, wohl an.

Am besten erkennt man die elegante Figur aus der Ferne und von oben, was zu der Annahme führte, dass sie von Göttern gesehen werden sollte. Vielleicht sollte sie Epona, die keltische Mondgöttin der Fruchtbarkeit und Heilkunde sowie Beschützerin der Pferde, besänftigen. Es heißt, in mondhellen Nächten steigt das Pferd in den Manger, den Talboden, hinab.

Einheimische hielten hier über die Jahrhunderte religiöse Reinigungsrituale ab, um die geschwungenen Linien und die weiße Kreide zu erhalten. Aus diesen Zeremonien entstanden Festlichkeiten, und heute besuchen neben vielen anderen auch Künstler, Archäologen und Ley-Lines-Deuter das White Horse.

Castlerigg Stone Circle

Keswick, Cumbria, England

Der vor Ort als Druid's Circle und Keswick Carles bekannte Steinkreis wurde zwischen 3200 und 3000 v. Chr. geschaffen und ist somit einer der ältesten Steinkreise in Großbritannien. Die imposante Wirkung rührt nicht von der Größe der Steine – der größte ist gerade mal 2,30 Meter hoch –, sondern von der Lage. Der wundersame Ort liegt 213 Meter über der Meeresoberfläche auf einer Ebene mit großartigen Lichtspielen und unbeständigem Wetter. Wenn man innerhalb des Kreises steht, ist man nicht nur von den Steinen umgeben, sondern auch von den Hügeln Skiddaw, Blencathra, Lonscale Fell, Low Rigg, High Rigg, Cat Bells Fell und Derwent Fell, deren Form die Steine imitieren. Die Umgebung gab hier schon die Kreisform vor.

38 Monolithen aus metamorphem Schiefer bilden einen leicht ovalen Kreis von 30 Metern Durchmesser. Innerhalb des Kreises stehen weitere zehn Steine. Zwei hohe Pfeiler markieren den Eingang, und innen befinden sich drei kleine Steinhaufen, mit denen vielleicht der Toten gedacht wurde. An dieser Stätte fand man Spuren von Holzkohle – hier wurden also einst Feuer entzündet. Man glaubt, dass der Kreis in der Jungsteinzeit und im Bronzezeitalter als Treffpunkt diente. Ringförmige Anlagen wie diese dienten meist als Stätten für Zeremonien, Rituale und Gottesdienste, und in diesem natürlichen Amphitheater kann man sich solche Aktivitäten lebhaft vorstellen.

Wenn man die Stätte über eine gewisse Zeit betrachtet, erkennt man die ursprüngliche Bedeutung des Steinkreises am besten. Bei Sonnenuntergang zur Wintersonnenwende etwa scheint ein Lichtstrahl auf den Bun Stone in der Wölbung, und auch andere Steine sind so platziert, dass sie besondere Daten im Sonnen- und im Mondkalender markieren. Die Sommersonnenwende, die Zeit des nördlichsten und des südlichsten Monduntergangs, der südlichste Mondaufgang, der Mondaufgang bei der Wintersonnenwende – alles dies geben diese Steine an. Daraus schloss man, dass die Jahreszeiten und Zyklen für die Erbauer einen enormen Stellenwert hatten. Ständig wechselndes Licht und der geheimnisvolle Nachthimmel tragen zur zeitlosen Magie dieses Ortes noch bei.

Noch immer spricht man von »aktiven Phasen« und »Ruhephasen« der Steine, und zahlreiche Beobachtungen belegen dies. 1919 sahen Mr. T. Singleton und sein Begleiter, wie sich seltsame weiße Lichtkugeln zwischen den Steinen bewegten. In jüngerer Zeit soll ein bekennender Skeptiker von einem überlauten Brummen, das von dem Kreis ausging, ferngehalten worden sein, während seine Frau jeden einzelnen Stein berührte. Einige behaupten, die Steine könnten Kopfschmerzen lindern, andere finden Lösungen für persönliche Probleme an diesem magischen Ort.

Castlerigg bietet dem Besucher, was immer er vorfinden will. Er kann die Natur bewundern, über die Weisheit jener nachdenken, deren Kenntnisse verloren gingen, der Wanderer kann sich ausruhen, Schriftsteller und Maler finden Inspiration. Die Sommersonnenwende feiern hier Musiker, Feuerschlucker, Anhänger des neuheidnischen Wicca-Kults und Einheimische.

links Licht und Schatten sind für das Verständnis dessen, was Castlerigg ist, von immenser Bedeutung. Professor Alexander Thom nannte den Ort »ein astronomisches Observatorium«. Im Tagesverlauf wirft die Sonne Schatten über den Kreis und lässt die Sterne mal klein, mal riesig erscheinen. Beachtenswert sind auch die Einkerbungen in dem Feld rund um den Steinkreis.

links Die Einheimischen nennen den Steinkreis Druid's Circle oder auch Keswick Carles – einer Legende nach sind die Steine versteinerte weise Alte (die Bedeutung von »Carles«). In den Hügeln um die Stätte soll ab und an eine rätselhafte Musik widerhallen, und im Steinkreis selbst sollen auch andere übernatürliche Phänomene auftreten.

rechts Die Formen der Steine spiegeln die Formen der Landschaft wider. Auf diesem Bild ist auch die geheimnisvolle Wölbung zu sehen, das »Heiligtum«. Seine genaue Funktion ist nicht bekannt, aber man fand Spuren von Holzkohle. Zur Zeit der Wintersonnenwende konzentrieren wechselnde Schatten beim Sonnenuntergang das Licht auf den Bun Stone.

rechts unten Die niemals vollständig ausgegrabene Stätte war vielleicht ein Handelsplatz für Steinäxte und anderes Werkzeug, doch gerade seine ungelösten Geheimnisse machen Castlerigg so faszinierend. An diesem Ort bilden die Natur und vom Menschen Geschaffenes ein harmonisches Ganzes.

Canterbury Cathedral

Canterbury, Kent, England

Als Sitz des Erzbischofs von Canterbury steht die Kathedrale im Mittelpunkt der weltweit verbreiteten Anglikanischen Kirche. Der heilige Augustinus, der erste Erzbischof von Canterbury, wird häufig mit der Christianisierung der britischen Inseln in Zusammenhang gebracht, doch tatsächlich entstand die Saint Martin's Church in der Nähe vor seiner Ankunft 597. Augustinus hatte von Papst Gregor I. den Auftrag erhalten, England zum Christentum zu bekehren – aus den Angeln Engel zu machen. Als Augustinus und seine Mönche in Canterbury ankamen, übergab ihnen König Ethelbert, dessen Gattin schon Christin war, eine Kirche. Augustinus gründete ein Kloster, das von 998 bis zur Auflösung 1540 nach den Regeln des heiligen Benedikt lebte.

Im Lauf der Jahrhunderte wurde die Kathedrale von vielen anderen bedeutenden Heiligen und Erzbischöfen geprägt – darunter Honorus, Theodor, Dunstan, Alphege, Anselm, Thomas, Edmund Rich und Thomas Cranmer –, die alle mit ihren besonderen

links außen Leuchtende Farben erfüllen das Kircheninnere. Eines der wunderbaren Bleiglasfenster von Canterbury verewigt Thomas Becket. Im 12. Jahrhundert arbeiteten Handwerker aus Frankreich und England jahrzehntelang zusammen, um die Geschichten aus der Bibel und aus dem Leben der Heiligen auf diese Weise darzustellen.

Mitte Die Kathedrale hat 21 Glocken: 14 im Oxford Tower für das Geläut, sechs im Arundel Tower geben die Zeit an, und die Glocke Harry im Bell Harry Tower (im Bild) fungiert als Totenglocke und läutet, wenn ein Staatsoberhaupt oder Erzbischof gestorben ist.

links Das Kirchenschiff im Perpendicular Style wurde 1405 fertiggestellt; seine vielen Pfeiler heben den Geist himmelwärts. Das Wort »Kirchenschiff« bezieht sich auf die Form der Langhäuser und vielleicht auf Noahs Arche. In der christlichen Sakralkunst symbolisiert ein Schiff häufig die Kirche.

Talenten dazu beitrugen, dass hier so viele Pilger und Gläubige beten. Doch der Erzbischof, der den Leuten am besten im Gedächtnis blieb, ist der heilige Thomas Becket. An einem kalten Wintermorgen im Jahr 1170 wurde er am Altar seiner Kathedrale von vier Rittern ermordet, die sich bei König Heinrich II. beliebt machen wollten. Heinrich hatte verlauten lassen, von diesem »unbequemen Pfaffen« genug zu haben – was die Ritter als Befehl missverstanden hatten.

Als Erzbischof wollte Thomas die Kirche läutern, er war ein strenger und offensichtlich unbequemer Mann – dagegen hatte Heinrich gehofft, in ihm einen formbaren Verbündeten zu haben. Schließlich drohte Thomas dem König mit der Exkommunikation, was zu dessen Zornesausbruch und zu der schrecklichen Tat der Ritter führte. Die Öffentlichkeit schrie nach diesem Mord an einem heiligen Mann auf heiligem Boden auf. Nach dieser Nacht geschahen so viele wundersame Ereignisse, dass zwei Mönche beauftragt wurden, diese aufzuschreiben. Unzählige Pilger strömten nach Canterbury. Drei Jahre später erklärte Papst Alexander Thomas zum Märtyrer, und im 14. Jahrhundert war Canterbury der weltweit bekannteste Wallfahrtsort. Doch die Gewalt kehrte zurück. 1538 ließ König Heinrich VII. Thomas' Schrein zerstören, 1642 verwüsteten Puritaner die Stätte, und zweimal wüteten Brände. Wie an so vielen heiligen Orten waren Glaube und Ergebenheit jedoch auch hier nicht zu vernichten.

Saint Ninians Höhle und Candida Casa

Isle of Whithorn, Dumfries und Galloway, Schottland

Der heilige Ninian brachte das Christentum nach Schottland. Der Benediktinermönch und Kirchenhistoriker Beda Venerabilis erzählt uns von ihm: »Bischof Ninian, ein hochverehrter und heiliger Mann aus dem britischen Volk, brachte den südlichen Pikten den wahren Glauben.« Whithorn ist nach der weiß getünchten Kapelle benannt, die er erbaute und Candida Casa (Weißes Haus) nannte, was die ansässigen Völker mit »Hwit Aerne« übersetzten.

Ninian wam um das Jahr 360 zur Welt gekommen und hatte als junger Mann in seiner Heimatregion Galloway dem christlichen Glauben gedient. Der nach Wissen dürstende Ninian pilgerte zu Fuß nach Rom, wurde dort vom Papst unterrichtet und in sei-ner Berufung bestätigt. Die Heimreise nach Schottland führte ihn durch Frankreich, wo er einige Zeit mit dem heiligen Martin von Tours verbrachte. Als Bischof kehrte er in die Heimat zurück und begann, Toleranz und Liebe zwischen den Britanniern und den Pikten zu predigen. Während er mit seinen Mönchen die Kapelle errichtete, erreichte ihn die Nachricht vom Tod des heiligen Martin, und er weihte ihm das Gotteshaus, dessen weiße Mauern in der Landschaft leuchteten. 397 baute Ninian mit der Unterstützung der Gemeinde ein Kloster – das erste in Großbritannien. Ninians Kunde breitete sich aus,

oben links Die Kapelle des heiligen Ninian wird noch immer von Whithorn-Pilgern genutzt. Die ursprüngliche Candida Casa stand wohl weiter im Landesinneren, unterhalb des Klosters. Dennoch ist dieser abgeschiedene Ort hier das spirituelle Zentrum der Insel Whithorn.

oben Der Weg zur Höhle des heiligen Ninian ist bei einem Besuch vielleicht menschenleer, doch man spürt die Anwesenheit der Pilger und sieht überall ihre Hinterlassenschaften in Form von Felszeichnungen, Treibholzkreuzen und Gebetssteinen.

und bald wurde von zahlreichen Wundern berichtet: So soll er einem Stammesoberhaupt die Sehkraft zurückgegeben haben, wonach wiederum viele zum Christentum übertraten. Der Missionar Ninian brachte einem großen Landstrich seiner Heimat den christlichen Glauben und das Evangelium. Durch seine Reisen und Predigten verband er diese öden, windgepeitschten Regionen mit dem europäischen Christentum, was ihm so großen Respekt eintrug, dass für seinen Schrein eine Kathedrale erbaut wurde.

Einige Kilometer vom Kloster entfernt liegt ein spektakulerer Küstenabschnitt, und hier, in einer Klippe knapp über dem Meer, befindet sich eine kleine Höhle. Hierher zog Ninian sich zurück, wenn er alleine sein und beten wollte. Der dunkle Höhleneingang rahmt die Küste und das Meer ein, wodurch die Außenwelt noch heller erscheint. Obwohl an der steinigen Küste keine Fußabdrücke zu sehen sind, weiß man, dass Pilger seit vielen hundert Jahren zur Höhle des heiligen Ninian kommen, weil sie Kreuze und andere Symbole in die Höhlenwände ritzen. Am Eingang sind Kieselsteinen mit Quarzkreuz aufgehäuft, die die Pilger hier suchen und beim Gebet ablegen. Außerdem findet man mit Seetang zusammengebundene Kreuze aus Treibholz. Auch wenn man hier ganz alleine ist, spürt man die Anwesenheit der vielen Pilger, die schon da waren.

rechts und rechts außen Historie, Anekdoten und Archäologie weben eine komplexe Geschichte rund um das Kloster von Whithorn. Zeugnisse weisen darauf hin, dass dies die Stelle der Candida Casa war, aber die Überreste zahlreicher späterer Bauten schaffen einen Ort, dessen unentschlüsselte Geheimnisse gerade den Reiz ausmachen. Auf dem Friedhof befindet sich der Golgatha-Stein, ein Grabstein aus dem 8. Jahrhundert mit drei Kreuzen, die Jesu Kreuzigung zwischen zwei Dieben symbolisieren. Ein weiterer Stein stammt von 450 n. Chr. Die Vielfalt und Komplexität einiger Verzierungen belegen, dass die Künstler, die hier am Werk waren, große bildnerische Gestaltungskraft besaßen.

Croagh Patrick

Westport, County Mayo, Republik Irland

Der im County Mayo als *The Reek* und früher als *Cruachán Aigle* (Berg der Adler) bekannte Croagh Patrick ist ein kegelförmiger Berg mit einer Grundfläche von fünf mal drei Kilometern und 762 Metern Höhe.

Funde früherer Besucher belegen, dass der Berg seit mindestens 6000 Jahren ein besonderer Ort ist. Zunächst kamen sie wohl, um das mit Goldspuren versetzte Wasser, das aus den Felsen sprudelte, zu ehren. Dann spürten sie, wie sich hier mächtige Kräfte vereinten – das Zusammenwirken von Höhe, wechselhaftem Licht und dem Blick aufs Meer mit seinen vielen Inseln. Schließlich ließen sie sich nieder, bauten Speckstein und Quarz ab, bestatteten ihre Toten, stellten Steine in Ausrichtung auf den Sonnenstand auf und erfreuten sich an dem Lichteffekt der »vom Berg herabrollenden Sonne« in den Monaten, die wir heute April und Juli nennen. Nach neolithischen Jägern kamen bronzezeitliche Siedler. Deren Hügelfestung, Hüttenkreise und ein späteres Kloster auf dem Gipfel des Bergkamms sind auf Luftaufnahmen zu ahnen.

Seit dem 5. Jahrhundert wird mit dem Berg vor allem der heilige Patrick verbunden. Der 387 in Schottland als Sohn eines römischen Soldaten geborene Patrick wurde als Jugendlicher von Iren verschleppt und kam als Sklave nach Irland, wo er einem despotischen Druidenmeister diente und den keltischen Dialekt lernte. Ermutigt von einer Engelserscheinung floh er nach Frankreich, wo er den heiligen Martin von Tours traf. Es zog ihn jedoch zurück nach Irland, nachdem er glaubte, Stimmen von dort vernommen zu haben, die ihn baten, zu ihnen zurückzukehren.

rechts Die Tradition, auf diesen heiligen Berg zu pilgern, ist über 5000 Jahre alt und reicht – ohne Unterbrechung – von der Steinzeit bis heute. Der Croagh Patrick ist als Ort der Wallfahrt zu Ehren des heiligen Patrick, Irlands Schutzpatron, bekannt. Auf dem Gipfel dieses Berges fastete Patrick im Jahr 441 n. Chr. 40 Tage lang. Heute steigen am letzten Sonntag im Juli, dem »Reek Day«, Tausende von Pilgern auf den Berg, viele davon barfuß.

Thingvellir-Nationalpark

Bláskógabyggo, Island

Island ist berühmt für seine vielschichtige Historie voller Sagen. In dieser Landschaft der Extreme ist der Boden von Landwirtschaft geprägt, er wurde immer wieder neu bebaut und dokumentiert die Geschichte der isländischen Kultur. So wie der Boden vom menschlichen Fortschritt erzählt, ist das Ökosystem des Thinvallavatn-Sees ein perfektes Modell der natürlichen Evolution. Hier erkennt man den Reichtum von einst und zukünftige Möglichkeiten zugleich. Für viele Menschen ist der Aufenthalt in der Natur eine magische, zuweilen teleologische Erfahrung. So überrascht es nicht, dass sich in dieser phänomenalen Szenerie aus heißen Quellen, kalten Gewässern und glitzernden Wasserfällen, auf die nachts das Polarlicht scheint, die Leute trafen, um zu reden und Pläne zu schmieden.

Der Name »Thingvellir« (»Feld der Volksversammlung«) weist darauf hin, wofür die Isländer diesen wundersamen Ort benutzten. 930 wurde hier die weltweit erste gesetzgebende Vollversammlung, *Althing*, gegründet. Einmal im Jahr kamen Volksvertreter zusammen, um Rednern zuzuhören. Hier wurden bis 1798 Entscheidungen getroffen, Gesetze verabschiedet und über vieles diskutiert. 997 etwa kam es zu Streit, als der norwegische König Olaf Trygvson den Missionar Thangbrand nach Island schickte, um das Christentum zu verbreiten und die heidnischen Götter abzuschaffen. Der Disput hielt an, bis dem heidnischen Redner Thorgeir im Jahr 1000 die Verantwortung für die Entscheidung der religiösen Ausrichtung Islands übertragen wurde: Sollten die Isländer weiterhin heidnischen Göttern huldigen oder zum Christentum übertreten? Thorgeir zog sich eine Nacht und einen Tag lang zurück und erklärte schließlich, das Christentum sei der Weg in die Zukunft, aber das Heidentum dürfe weiterhin ausgeübt werden, allerdings im Verborgenen! Später warf er seine Götzenbilder in einen Wasserfall, der noch immer »Godafoss« (»Wasserfall der Götter«) genannt wird. Heute gelten die Sagen als Nationalschatz und Thingvellir als Juwel.

rechts In einen der spektakulärsten Wasserfälle Islands, Godafoss, warf Thorgeir, als er zum Christentum übertrat, seine hölzernen Bilder nordischer Götter. Ein Fenster in der Kathedrale von Akureyri erzählt seine Geschichte. Das Wasser fällt hier auf 30 Metern Breite 12 Meter in die Tiefe, der Dunst steigt dabei in die kühle Luft empor.

links Geologie und Ökosysteme von Thingvellir machen dieses Gebiet zu einem einzigartigen wertvollen Naturwunder. Der Thingvallavatn-See, Islands größter See, gilt als exemplarisch für die Evolution der Arten. Seine Oberfläche liegt etwa 100 Meter über dem Meeresspiegel, der See reicht jedoch mit 114 Meter Tiefe unter den Meeresspiegel.

oben Thingvellir ist eines der beliebtesten Touristenziele auf Island. Hier können Urlauber campen, fischen, wandern und reiten. Außerdem lädt der Nationalpark mit seinen Naturschauspielen und seiner schier übernatürlichen Schönheit zur Besinnung und Reflexion ein. Die kulturelle Geschichte dieser Region ist noch immer nicht gänzlich enträtselt.

Felszeichnungen von Alta

Alta-Fjord, Finnmark, Norwegen

Mehr als 5000 geheimnisvolle Ritzungen zieren die Felsen an vier Orten auf dem Alta-Fjord nahe dem Polarkreis in Norwegen. Die wichtigste Fundstelle befindet sich bei Jiepmaluokta, etwa vier Kilometer außerhalb von Alta. In diesem Freiluftmuseum sind um die 3000 Zeichnungen aus der Zeit zwischen 4200 und 500 v. Chr. zu sehen. Künstler aus den Jäger- und Fischergemeinden meißelten und ritzten Figuren, von denen ihre Existenz und ihr spirituelles Leben abhing. Neben Elchen, Rentieren und Bären sind Gänse, Schwäne, Lachse und Wale zu sehen. Auch Menschen sind abgebildet, mit Pfeil und Bogen, Angelschnüren und Booten, sogar schwangere und gebärende Frauen, und Musiker schlagen die *runebommen*, eine Trommel, die die Samen noch immer in schamanischen Ritualen verwenden.

Inzwischen hat man die Zeichnungen koloriert, damit sie besser zu erkennen sind; ursprünglich waren sie wohl nicht eingefärbt. Aber wie wurden sie dann gelesen? Die Linien kontrolliert in den Stein zu meißeln, erfordert großes Geschick. Bloßes Kratzen an der Oberfläche wäre einfacher, aber die Linien wären mit der Zeit verschwunden. Unter der hoch am Himmel stehenden Sonne verschmolzen die Bilder im Stein wohl zu einer unidentifizierbaren Masse. Doch bei Sonnenauf- und untergang sowie bei Vollmond warfen sie Schatten, und die Umrisse wurden klarer. In dem magischen Licht wirkten die Zeichnungen mächtig, geheimnisvoll – und heilig.

Und für wen waren sie gedacht? Die Zeichnungen haben keine klare Ausrichtung, weder nach unten noch nach oben.

links, Mitte und oben Petroglyphen sind in Stein geritzte Zeichnungen aus prähistorischer Zeit – wie diese, die man auf dem Alta-Fjord entdeckte. Die heute zur leichteren Interpretation eingefärbten Figuren stammen von Menschen, die wir wohl nie gänzlich verstehen werden. Sie überliefern uns jedoch ein Bild der Aktivitäten und Prioritäten der Völker, die vor so langer Zeit nahe dem Polarkreis lebten.

Heißt das, dass sie von oben betrachtet werden sollten, möglicherweise von den Himmelsgöttern? Die Position der Zeichnungen ist signifikant; die Grenzen zwischen Land und Meer symbolisieren Übergänge zwischen Reichen, Lebensformen und Aktivitäten. Es sind die Grenzen, an denen die Toten in ein anderes Reich übertreten. Zweifellos sollten die Zeichnungen die Zeit überdauern und inspirieren – was sie bis heute tun.

Kloster der heiligen Verklärung

Insel Valaam, Russland

Im Ladoga-See im Nordwesten Russlands, der sich über 219 Kilometer von Norden nach Süden erstreckt, liegen zahlreiche Inseln, von denen 50 den Valaam-Archipel bilden. Auf der größten dieser Inseln, Valaam, mit ihrer erstaunlich reichhaltigen Flora und Fauna befindet sich das Kloster der heiligen Verklärung. Im Wasser tummeln sich unzählige Spezies, darunter eine einzigartige Unterart der Ringelrobbe. Hinter der Küste liegen Wälder voller Vogelgezwitscher, Süßwasserquellen und fruchtbarem Boden.

Die Schönheit der Natur verleitete schon immer zur Gottesanbetung, und auch hier findet man Zeichen uralter Rituale. Der heilige Andreas soll angeblich die den hiesigen Göttern geweihten Bergaltäre zerstört und durch ein Steinkreuz ersetzt haben, aber Beweise gibt es dafür keine. Tatsächlich sind die Geschichten über die ersten Christen in dieser Gegend widersprüchlich, weil die Pest, Brände, Invasionen und Überfälle zum Verlust von Aufzeichnungen führten. Jedenfalls ist Valaam seit langer Zeit ein geistliches Zentrum der russisch-orthodoxen Kirche, und dass die Heiligen Sergius und Hermann hier waren, ist dokumentiert. Sie gründeten im 10. Jahrhundert das Kloster, und während ihrer Amtszeit kam es zu wundersamen Heilungen und zur Verhinderung von Unheil. Die Reliquien dieser heiligen Männer sind bis heute erhalten und Gegenstand tiefer Verehrung.

Valaams schöne Natur und abgeschiedene Lage inspirierten auch vielfach zu künstlerischem Ausdruck. Der Abt Damascene (1835–81) lud verschiedenste Künstler auf die Insel ein. Einer von ihnen, Tschaikowski, schrieb seine erste Symphonie, »Winterträume«, nachdem er hier eingeschneit gewesen war. Dissonanz und Harmonie wechselten sich in der Klostergeschichte vielfach ab; heute führen hier noch etwa 200 Mönche ein Leben nach strengen Klosterregeln, in denen Kreativität und Produktivität nicht zu kurz kommen.

rechts Nach unzähligen Wirren und Beschwernissen in der Vergangenheit floriert das Kloster heute und heißt gerne Pilger willkommen. Die Wallfahrer, die sich von den Heiligen Sergius und Herman Unterstützung erhoffen, schätzen die Weisheit der Mönche und die wunderbare Landschaft, die Besinnung und Andacht fördert.

oben Etwa 200 Einwohner hat das Valaam-Kloster. Einige wohnen im Hauptkloster, andere in Skiten – kleineren Gemeinden, in denen sich Eremiten auf ihr Einsiedlerdasein vorbereiten. Die Skite mit eigenen Regeln und Gotteshäusern fungiert als Zwischenglied zwischen Cenobium (Hauptkloster) und Einsiedelei.

oben Die Allerheiligen- oder Bolshoi-Skite ist die älteste Klostergemeinschaft in Valaam. Die Einsiedler Kleopa, Feodor und Leonid und deren Schüler machten sie berühmt. Einige Gebäude wurden Mitte der 1840er Jahre erbaut. Die fünftürmige Klosterkirche (Bild) wurde 1846 entworfen.

rechts Die Skite des heiligen Nikolaus ehrt den Schutzpatron der Seemänner und Reisenden. Die elegante Kirche wurde 1853 an der Stelle einer früheren Kirche und eines Leuchtturms gebaut. Auf dieser Insel, die über kleine Inselchen mit dem Hauptkloster verbunden ist, leben mehrere Mönche.

Lourdes

Lourdes, Midi-Pyrénées, Frankreich

Zwischen Februar und Juli 1858 erschien der 14-jährigen Bernadette Soubirous in einer kleinen Grotte namens Massabiele, nahe ihrem Heimatdorf am Fluss Gave de Pau, 18-mal eine weiß gekleidete Frau. Sie sagte ihr voraus, dass dereinst viele Leute an diesen Ort kämen und der Dorfpfarrer hier eine Kapelle bauen lassen sollte. Bei ihrer 16. Erscheinung nannte sich die Frau selbst »die Unbefleckte Empfängnis« – eine Bezeichnung für die Jungfrau Maria, die Bernadette kaum vorher gehört haben dürfte, da sie erst kurz zuvor in Rom definiert worden war. Die Frau wies das Mädchen an, sich in der Quelle zu waschen – obwohl kein Wasser zu sehen war. Bernadette grub mit den Händen im Boden, bis sie auf Wasser stieß, das schnell einen Teich bildete. Dies war die heilige Quelle, zu der noch heute unzählige Menschen pilgern.

Vordem hatte nichts darauf hingewiesen, dass diese Gegend in irgendeiner Weise etwas Besonderes war – keine Monolithen, keine prähistorischen Erdwälle, keine Legenden. Doch heute ist dies die bedeutsamste heilkräftige Stätte der Christenheit.

Zunächst verehrte man den Ort wegen Bernadettes Marienerscheinungen, doch als man Ende des 19. Jahrhunderts die Heilkräfte des Wassers entdeckte, wurde Lourdes in aller Welt bekannt. Die Bestätigung zahlreicher wundersamer Heilungen machte den Ort noch attraktiver, und inzwischen alljährlich vier bis sechs Millionen Pilger nach Lourdes. Aufgrund der großen Nachfrage leitete man die ursprüngliche Quelle in weitere Quellen und Bäder um. Über der Originalquelle baute man eine Basilika, daneben weitere Kapellen und am anderen Ufer des Gave de Pau ein Hospiz mit 900 Betten und noch Kapellen.

Die Gesunden wie die Kranken, die Lourdes besuchen, erzählen davon, hier Ermunterung, Frieden, Hoffnung, Glauben und Heilung gefunden zu haben. Sie baden im heiligen Wasser

oben links Überall brennen in Lourdes Kerzen: in Kapellen, in Pavillons, bei Statuen und Quellen. Unzählige Pilger kommen einzeln oder in Gruppen an diesen Ort mit insgesamt 22 Gebetsstätten.

oben In Lourdes gibt es zahllose Marienbildnisse, und es gibt ein langes Gebet zur Heiligen Jungfrau Maria von Lourdes. Die Goldkrone ist ein Symbol der Ehrfurcht, die ihr entgegengebracht wird.

und pilgern im Kerzenschein zum Schrein. Ein solch überfüllter Platz scheint eigentlich der letzte Ort zu sein, an dem ein Kranker sich aufhalten möchte, aber Lourdes hat die Kraft, ihn zu stärken. Vielleicht ist es allein der Glaube daran, der diesen Ort so bedeutungsvoll macht.

oben Die Gotteshäuser sind das ganze Jahr über für Besucher geöffnet, die Hauptsaison der Wallfahrten dauert jedoch von Anfang April bis Ende Oktober. Wer die Pilgerreise nicht selbst antreten kann, kann sich das heilige Wasser nach Hause schicken lassen, Gebete bestellen oder von einem *feutier*, einem Feuermeister, eine Kerze anzünden lassen.

oben Insgesamt erschien Bernadette die Jungfrau Maria 18 Mal. Auf diesem Bild an der Rosenkranzbasilika hält Bernadette (die graue Statue), flankiert von Engeln, einen Rosenkranz in der Hand. Maria ist so gekleidet, wie Bernadette es nach ihrer ersten Vision geschildert hatte: ganz in Weiß mit einer blauen Schärpe. Die irdische Bernadette ist aus einfachem Stein gehauen, während die himmlischen Gestalten in farbenfrohen Mosaiken erstrahlen.

rechts Konzentrische Bogen umrahmen die Jungfrau in einer Mandorla – einer ovalen Gloriole – an der Fassade der Rosenkranzbasilika. Auf der Kuppel darüber befinden sich eine goldene Krone und ein Kreuz, dahinter erhebt sich die höchste Turmspitze. Die Menschen auf der Balustrade lassen auf die gewaltige Größe des Bauwerks schließen.

Notre-Dame de Chartres

Chartres, Centre, Frankreich

Dieses herrliche Bauwerk steht an einem Ort, der schon lange bevor das Christentum in Frankreich eingeführt wurde, als heilig galt. Seit die Druiden hier in den Eichenwäldern Rituale abhielten, ist dies ein geistliches Zentrum. Unter der Kathedrale befinden sich ein Brunnen und ein Gewölbe; hier befanden sich einst ein Altar und das Bildnis einer Frau mit einem Kind auf den Knien, die »Jungfrau, die einen Gott gebären wird«.

Die Bauarbeiten an der heutigen Kathedrale begannen 1194, doch schon um 67 n. Chr. wurde hier eine Kirche errichtet, und im frühen 4. Jahrhundert ließ Kaiser Konstantin die erste Kathedrale erbauen, die jedoch Herzog Hunold von Aquitanien brandschatzte. Den Nachfolgebau verwüsteten 858 die Normannen. Weitere Brände wüteten 962 und 1020, wobei das Gotteshaus völlig zerstört wurde. Eine neue Kathedrale wurde 1030 geweiht, doch das erneute Feuer von 1194 überstanden nur der westliche Teil und zwei wertvolle Marienreliquien – die Figur in der Krypta und der Schleier der Jungfrau.

Dass dieses Bauwerk heute existiert, ist dem Glauben und der Entschlossenheit jener zu verdanken, die dann die gewaltige Aufgabe übernahmen, die heutige Kathedrale Notre-Dame de Chartres zu planen, zu finanzieren, zu bauen und zu erhalten. An der Fassade repräsentieren zwei Türme (einer früh-, einer hochgotisch) die zum Himmel strebenden Gebete und Seelen der Gläubigen. Strebebogen ermöglichten beindruckend hohe Fenster. Von innen erkennt man bei hellem Tageslicht die ganze Pracht der Buntglasfenster, aber das detailreiche Maßwerk und die Rosettenfenster lassen einem schon beim Näherkommen denken, man würde den Himmel betreten.

Innen erinnern die riesigen Säulen an die Bäume, die hier einst gestanden haben, ehe die Steine für dieses unglaubliche Bauwerk in einem Steinbruch bei Paris abgebaut und hierher verschifft wurden. Mehr als 100 Fenster mit einer Gesamtfläche von 3150 Quadratmetern sorgen für ein Meer aus Farben, Licht, Strukturen, Mustern, Geschichten und Belehrungen. Das runde Labyrinth am westlichen Ende stammt von ca. 1230. Ein Pfad aus zwölf Kreisen windet sich durch 28 Schlingen zur Mitte. Pilger gehen den 260 Meter langen Weg, dessen Windungen ihren Lebensweg repräsentieren. Notre-Dame de Chartres, ein Ort der Andacht und Pilgerstätte, wird permanent restauriert – diese äußerliche Erneuerung entspricht der spirituellen Erfahrung der Gläubigen in der Kathedrale.

oben Das nördliche Rosettenfenster mit fünf Lanzetten darunter wird Rose von Frankreich genannt und ist der Jungfrau Maria, der heiligen Anna und Bianca von Kastilien gewidmet. Glaskünstler schufen hier ein Meisterwerk – der Begriff »Chartres-Blau« wird noch heute verwendet. Die zwölf Segmente könnten auf den Einfluss der Astrologie hinweisen, der auch in den Tierkreiszeichen an anderen Stellen im Gebäude zu erkennen ist.

links An der Westfassade recken sich der 114 Meter hohe Jehan-de-Beauce-Turm (links) und der 105 Meter hohe romanische Turm (rechts) gen Himmel. Es gab Pläne für fünf oder sechs Türme, die aber aufgrund von Komplikationen und Geldknappheit nicht alle verwirklicht wurden. Das kunstvolle Maßwerk der Fensterrose ist von außen gut zu erkennen, von innen bestimmt farbenfrohes Licht, das durch das Glas fällt, den Eindruck.

oben Dieser Fassadenausschnitt demonstriert das Talent der Künstler und ihr Verständnis von Form und Material. Die Umhänge der Männer werfen Falten, Hände umfassen Objekte, und Köpfe drehen sich und betrachten die Welt um sich. Obwohl jede Statue in sich komplett ist, ist es bemerkenswert, wie die Bildhauer sie zu einer Einheit, zu einem einzigen großen Kunstwerk machten.

rechts Das Königsportal aus der Mitte des 12. Jahrhunderts, ein Monument frühgotischer Bildhauerkunst, entkam dem Feuer von 1194 und wurde in das neue Gebäude integriert. Tympanon, Archivolten, Türsturz und figürliche Pfosten bilden ein wunderbares Gesamtbild. In der Mitte sitzt Christus in der Mandorla, flankiert von den Tiersymbolen der vier Evangelisten. Auf dem Türstürz sind die zwölf Apostel abgebildet, die einzelnen Figuren an den Enden stellen die alttestamentarischen Propheten Enoch und Elias dar, die Jesu Auferstehung vorhergesagt hatten.

Höhle von Lascaux

Montignac, Aquitaine, Frankreich

oben Das 1,50 Meter lange »chinesische Pferd«, auf das Pfeile zielen, wurde mit Holzkohle umrissen und schattiert. Der Künstler platzierte die Hufe auf einer Kante in der Höhlenwand, was das Bild noch realistischer wirken lässt.

links Auf dem Fries in der Gemäldegalerie (hier ein Ausschnitt) sehen wir Tiere durch einen Spalt in der Decke kommen und gehen, als würden sie sich außerhalb unserer Sichtweite weiterbewegen. Sollte man diese Szene betrachten, während man rücklings auf dem Höhlenboden lag?

1940 entdeckten vier Jungen am Ufer des Flusses Vézère in der Dordogne einen Baum, der vom Blitz getroffen und entwurzelt worden war, darunter klaffte ein Loch. Sie fanden eine Höhle, die bis dahin sogar den Einheimischen unbekannt war. Die Höhlenwände zierten 600 Malereien und 1500 Zeichnungen von Pferden, Bisons und Hirschen, die 17 190 Jahre zuvor geschaffen worden waren. Wenn Kulturen schon so lange ausgestorben sind, ist es schwierig festzustellen, warum bestimmte Dinge getan wurden, doch dies sind offensichtlich keine zufälligen Schmierereien. Der Geistliche und Wissenschaftler Abbé Breuil, genannt »Vater der Prähistorie«, bemerkte, dass sich in den Höhlen zwar Werkzeuge und Fackeln befanden, es aber keine Hinweise auf Bewohner gab – dieser Ort war also besonderen, vielleicht heiligen Zwecken vorbehalten.

Eine Stätte wie diese führt zwangsläufig zur Frage, was hier einst geschah. Es gibt keine schriftliche oder mündliche Überlieferung davon, woran jene Menschen glaubten. Manche glauben, es handle sich um die Bilder von Jagdtrophäen. Andere meinen, sie gehörten zu einem Jagdzauber oder schamanistischen Ritualen, mit denen im »Bauch« der Erde um Fruchtbarkeit gebeten wurde. Betrachtet man die künstlerische Ausführung näher, stellt man fest, dass die Konturen der Höhle ausgenutzt wurden, um den Tieren Dreidimensionalität zu verleihen Die Künstler kannten ihre Modelle sehr genau und stellten sogar deren Bewegung, Kraft und Schnelligkeit dar. Die Bilder waren für die, die sie schufen, von großer, nicht nur ästhetischer Bedeutung – sie gehören ins Reich einer anderen Bewusstseinsebene.

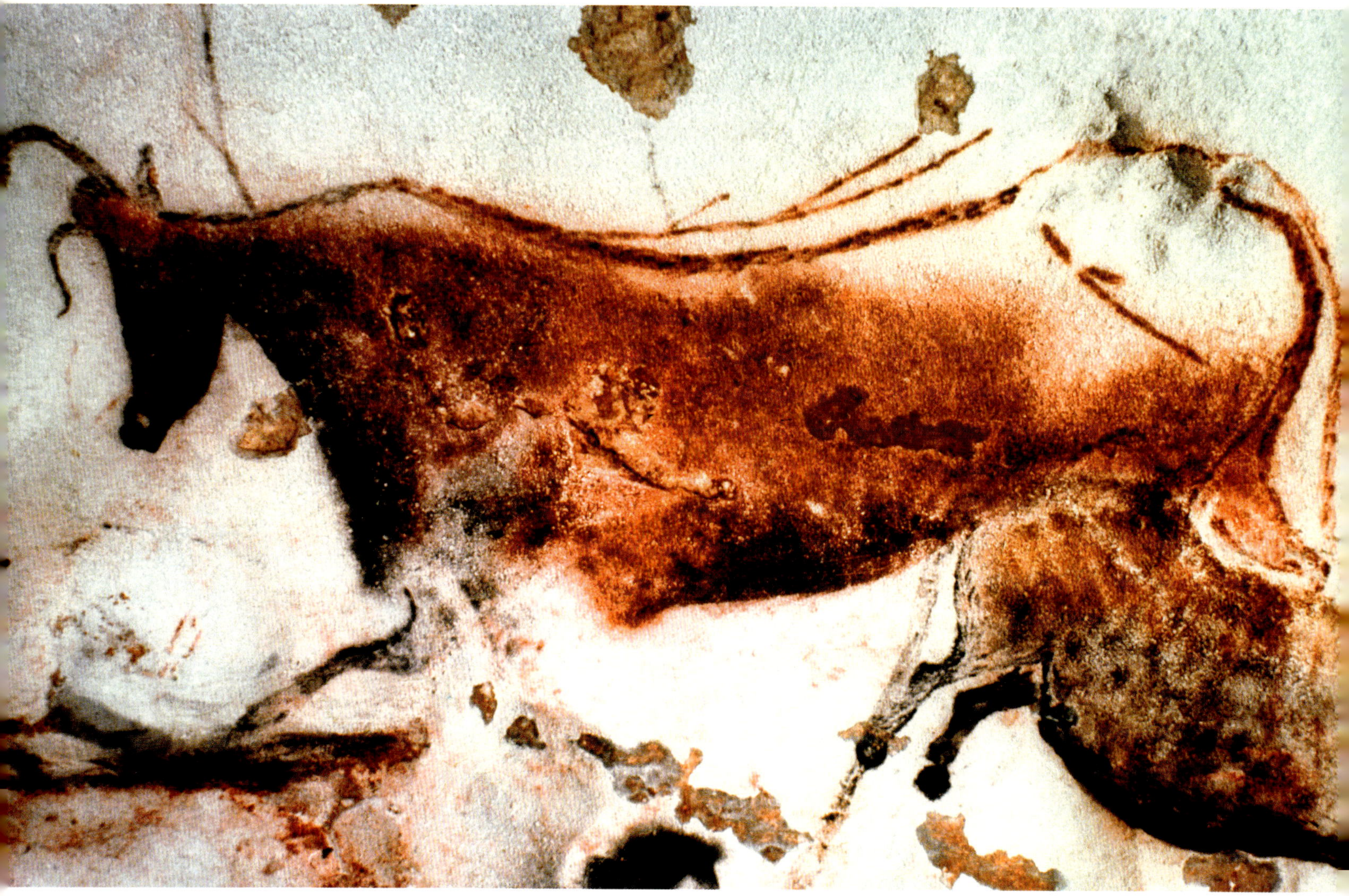

oben Auf diesem Ausschnitt an der Decke der Gemäldegalerie ist eine 2,80 Meter lange Kuh abgebildet. Die Bilder wurden in Bereichen mit hervorragender Akustik platziert. Ein Jagdzauber inmitten dieser Kreaturen muss sehr beeindruckend gewesen sein.

oben Ist er tot, ohnmächtig oder in Trance? Hier liegt ein Mann mit Vogelschnabel (vielleicht eine Maske), neben seiner Hand ein auf einen Stab gespießter Vogel. Symbolisierten fliegende Tiere den Flug der Seele in andere Bewusstseinsebenen? Interessant ist auch die minimalistische Darstellung des Menschen im Vergleich zum recht realistisch gezeichneten Bison daneben.

Notre-Dame de Rocamadour

Rocamadour, Midi-Pyrénées, Frankreich

Zachäus, ein unbeliebter Steuereintreiber, war von so kleiner Statur, dass er, um einen Blick auf Jesus zu erhaschen, auf einen Baum klettern musste. Jesus bemerkte dies, und nach einer gemeinsamen Mahlzeit gab Zachäus seinen sündigen Lebenswandel auf, gab sein eingenommenes Geld vierfach zurück und wurde Christ. Manche sagen, er diente fortan sogar als Diener in der Heiligen Familie. Er wurde aus seiner Heimat vertrieben und soll mit seiner Gattin Veronika (die auf seinem Weg nach Golgata Jesus das Gesicht wusch) übers Wasser nach Aquitanien gelangt sein, geleitet von einem Engel.

Nach Veronikas Tod erklomm er einen Platz 125 Meter über dem Fluss Alzou in der antiken Provinz Quercy. Er wurde Einsiedler und baute eine Kapelle für die Jungfrau Maria. Man glaubt, dass er es war, der die Schwarze Madonna mit Jesus als Kind geschnitzt hatte, die den Besucher in der Kirche Notre-Dame begrüßt. Zachäus ist heute als heiliger Amadour bekannt – Rocamadour bedeutet »Freund des Felsens«. Berichte über wundersame Ereignisse an diesem Ort lockten den englischen König Heinrich II. Plantagenet, den französischen König Ludwig und Alphonse III. von Portugal hierher, und so wurde die Stätte zum Wallfahrtsort. Im Mittelalter wurden sieben Kapellen gebaut – eine ungeheuerliche Leistung angesichts des schwierigen Felsenterrains und, wie Robert von Torigny sagte, der »fürchterlich abgeschiedenen« Lage.

Wer die Anreise wagte, wurde vielleicht mit dem Klang der wundertätigen Silberglocke aus dem 6. Jahrhundert belohnt, die vor einem Wunder selbstständig zu läuten begann. Im »Buch der Wunder«, das 1172 abgeschlossen wurde, haben Pilger die Wunder der Madonna festgehalten. Andere hinterließen und hinterlassen Gaben und Zeichen von Heilungen – einfache Gesten des Danks und der Fürbitte, die auf der ganzen Welt verstanden werden.

Von der Kirche Notre-Dame gelangt man auf die Terrasse des heiligen Michael, der der Legende nach von einem hohen Platz gen Norden Schutz gewährt. Die Wände der Basilika Saint schmücken Szenen aus der Regionalgeschichte. Heute erklimmen viele Besucher die 216 Stufen zum Schrein auf den Knien – wie es die Büßer früher taten. Angenehmer ist es, langsam hinaufzugehen und die herrliche Aussicht in alle Richtungen zu genießen, so auf die Kirche der Schwarzen Madonna und die wundertätige Glocke.

oben Die Schwarze Madonna wird seit Generationen von Pilgern verehrt und heißt, mit Jesus auf den Knien, noch immer die Besucher willkommen. Der Legende nach hat der heilige Amadour, der an diesem Ort zur Muttergottes betete, die Statue geschnitzt. Viele meinen, die Figur habe etwas Übernatürliches.

links Rocamadours Gebäude klammern sich an die Felsen über dem Fluss Alzou im Dordogne-Tal. Im 12. Jahrhundert fand man den intakten Leichnam des heiligen Amadour, was so große Pilgerströme zur Folge hatte, dass sieben Kapellen gebaut werden mussten. Um das Gewirr aus Höhlen und Kapellen zu erreichen, muss man 216 Stufen erklimmen. Von oben hat man einen herrlichen Blick über die Schlucht. Die atemberaubende Landschaft und die wunderbare Flora und Fauna schaffen einen Ort, an dem man hervorragend über die Natur und unseren Platz darin nachdenken kann.

Steinreihen von Carnac

Carnac, Bretagne, Frankreich

In Carnac in der Bretagne reihen sich auf einer Länge von über drei Kilometern in nordöstlicher Richtung mehr als 3000 Menhire (stehende Steine) in parallelen Reihen, bis zu elf nebeneinander. Es wurde vermutet, dass es sich um alte Wegbegrenzungen handelte. Das bretonische Wort »Menhir« besteht aus *maen* (Stein) und *hir* (lang). Diese langen, aufrecht stehenden Steine sind bis zu sechs Meter hoch; einige stehen einzeln, andere bilden Dolmen (keltische Tafelsteine).

Die Steine aus hiesigem Granit bilden vier Gruppen: Le Menec, Kermario, Kerlescan und Petit Menec (wo die bemoosten Steine in einer Waldlichtung liegen). Es wird angenommen, dass die Lücken zwischen den Gruppen dadurch entstanden, dass Steine für andere Zwecke entwendet wurden. Die Datierung der Steinreihen ist schwierig. Der britische Archäologe Aubrey Burl schätzte sie auf ca. 3300 v. Chr., während Material aus nahe gelegenen Grabkammern aber aus 4700 v. Chr. stammt. An manchen Stellen versperren viereckige oder runde Formationen die Wege. In einigen Zivilisationen sollten niedrige Mauern Geister aussperren, die sich nur in geraden Linien bewegen – vielleicht sollten also diese Blockaden spirituelle Energien umlenken. In diesem Gebiet findet man auch Magnetfelder, was zu der Annahme führt, dass diese Energien bestimmten Zwecken dienen sollten, die uns heute leider unbekannt sind. Die Reihen bestimmen auch die Linie des auf- und untergehenden Mondes zur Sommer- und Wintersonnenwende. Wie Caesar bemerkte, bestimmten die Kelten »alle Zeiträume, nicht bei Tage, sondern bei Nacht, und wenn sie Geburtsdaten oder den Anfang von Monaten oder Jahren berechnen, achten sie immer darauf, die Nacht vor den Tag zu stellen«.

Carnac könnte nach Cernowain benannt sein, dem keltischen Gott der Fruchtbarkeit. Frauen sollen – in der Hoffnung auf Schwangerschaft – ihren Bauch an den Steinen gerieben haben. Cernowain ist aber auch der Gott der Unterwelt und der Astralebene, was zur Theorie mit der Mondausrichtung passt. All dies stärkt die Annahme, dass sich die Funktion der Steine im Lauf der Zeit änderte und die Reihen über mehrere Generationen geschaffen wurden. Da es keine archäologischen Beweise für eine Besiedlung gibt, folgert man, dass die Stätte keine profane, alltägliche, sondern eine spirituelle Bedeutung hatte.

Der schottische Altertumsforscher James Miln untersuchte im 19. Jahrhundert die Steine und römischen Hinterlassenschaften mithilfe eines einheimischen Jungen, Zacharie Le Rouzic, der von diesem Ort ein Leben lang fasziniert war. In den 1930er Jahren ersetzte Le Rouzic viele der fehlenden Menhire – um diesen Eingriff deutlich zu machen, hinterließ er am Fuß dieser Steine etwas Zement. Miln vermachte seine Funde der Stadt, wo sie heute im Museum für Frühgeschichte zu sehen sind.

rechts Am besten besucht man die Steinreihen außerhalb der Urlaubssaison, doch wenn dies nicht möglich ist, fährt man besser mit dem Fahrrad hierher. Einige Abschnitte der Steinformationen sind eingezäunt, um Erosion durch die großen Besuchermassen zu verhindern.

links Für viele Menschen haben bestimmte Steine gewisse Heil- oder Fruchtbarkeitskräfte. Manche kommen aus persönlichen oder religiösen Gründen hierher und hoffen, die Erdenergien, den Magnetismus und die Mysterien zu spüren, die diesen Ort umgeben. Andere kommen, um die große Willens- und Körperkraft jener zu bewundern, die diese Stätte einst geschaffen haben.

rechts Die Linien der Steinreihen lenken das Auge in die Ferne und suggerieren, dass man irgendwohin geführt wird – visuell, körperlich oder spirituell.

rechts unten Die Einheimischen, die die Stätte pflegen, verwenden keine Traktoren oder Herbizide, sondern lassen den Platz seine eigene Harmonie und Balance finden. Mancherorts lässt man am Fuß der Steine Ginster wachsen, der eine natürliche Barriere für jene bildet, die auf die Monolithen klettern möchten.

Santiago de Compostela
Galicien, Spanien

Der Pilgerweg zur Kathedrale von Santiago durchquert Zeit und Raum auf verschiedene Art. Er wurde »Milchstraße« genannt, weil das Sternenlicht am Himmel den Weg zum Campus de la Stella oder Campus Steliae, dem »Sternenfeld«, weist. Dieser Name stammt aus der Legende des Theodomir, der 835 die Vision eines hellen Sterns hatte, der von vielen kleinen Sternen umgeben war und über einem Grab erstrahlte; darin lagen die Relikte des heiligen Jakobus und zweier Begleiter, die in der Fremde das Evangelium verkündet hatten. An dieser Stelle baute man eine Kirche. Im folgenden Jahrhundert erklärte König Alfonso von Asturien Jakobus zum Schutzpatron Spaniens. Kloster und Kathedrale verzeichneten bald außergewöhnlich hohe Pilgerzahlen.

Für die Kelten und Römer war dieser Weg nicht nur eine Handelsroute gewesen – Paare gingen ihn, wenn sie auf Nachwuchs hofften. Die Jakobsmuschel könnte auf der Legende um einen portugiesischen Kaufmann basieren, der von einem Stern geblendet fast ertrank und bei seiner Rettung mit Muscheln bedeckt war; auch waren Muscheln in Santiago Handelsgut. Heute ist die Jakobsmuschel das Erkennungs-zeichen der Pilger.

Wenn man sich von Osten her diesem tief liegenden westlichsten Teil Spaniens nähert, scheint das Land mit der untergehenden Sonne samt der Seelen der Verstorbenen im Meer zu versinken, was zu dem Glauben geführt hatte, dass dies das Ende der Erde sei – entsprechend nannte man das Kap Finisterre (*finis terrae* – Ende der Erde). Der Legende nach wurde die Milchstraße vom Staub gebildet, den die Wanderer aufwirbelten. Traditionen kommen und gehen, und während es immer viele Gründe für Wallfahrten nach Santiago gegeben hat, sind der Jakobsweg wie die Kathedrale nach wie vor von enormer Bedeutung für Gläubige in aller Welt.

rechts Die imposante Westfassade der Kathedrale ist detailreich verziert. Auf dem linken der beiden 76 Meter hohen Türme steht eine Statue von Jakobus' Vater, auf dem rechten eine Statue seiner Mutter Salome. Der Heilige selbst steht auf dem Turm in der Mitte, was ihm – obwohl der Turm kleiner ist – eine besondere Bedeutung verleiht.

links Matthäus, Markus, Lukas und Johannes wurden mit den Schriftrollen ihrer Evangelien in Stein gemeißelt. Jeder der Männer ist bezüglich Charakter, Positur, Kleidung usw. individuell gestaltet. Der leitende Bildhauer und Baumeister der Kathedrale war Meister Mateo. Er arbeitete daran von 1161 bis 1217, und sein Werk gilt als Höhepunkt spanischer Bildhauerkunst jener Zeit.

oben Die Reliquien des heiligen Jakobus ruhen in einem Silbersarg unterhalb des Hochaltars. Am Festtag des Heiligen, dem 25. Juli, pilgern viele Gläubige zur Kathedrale, um dabeizusein, wenn hier ein riesiges Weihrauchfass geschwungen wird. Der Rauch symbolisert auch den Dank und den Lobpreis der Pilger.

oben Vieles wurde im Lauf der Zeit darüber geschrieben, warum die Jakobsmuschel zum Erkennungszeichen der Jakobsweg-Pilger wurde – auch, dass sie (aufgrund der Lage der Stadt am »Ende der Welt«) der im Meer hinter Santiago untergehenden Sonne ähnelt. In der Kathedrale sieht man die Muschel vielfach als dekoratives Symbol.

links Im Portico de la Gloria hinter der Westfassade steht auf einer Säule der heilige Jakobus. Die Bildhauerelemente in dieser Eingangshalle, die Meister Mateo zwischen 1168 und 1188 ausgestaltete, waren ursprünglich bemalt, doch das Verblassen der Farben hat der Schönheit der Steinmetzarbeiten nichts anhaben können.

Basilica di San Francesco d'Assisi Umbrien, Italien

Seit der Jungsteinzeit ist die einladende, üppig grüne Landschaft Umbriens bewohnt. Die Etrusker errichteten um 450 n. Chr. an einer heiligen Quelle das heutige Assisi. Später kamen, wahrscheinlich vom heilkräftigen Wasser angelockt, die Römer und bauten an der Quelle einen Tempel zu Ehren der Minerva, Göttin der Künste und der Medizin. Man könnte sagen, dies war geradezu prophetisch.

Frühe Christen ersetzten den Tempel durch mehrere Kirchen. Dann, um das Jahr 1181, kam Giovanni di Bernadone, heute bekannt als heiliger Franziskus von Assisi, zur Welt. Sein Wirken ist hier überall zu spüren. Franziskus sagte sich von seinem luxuriösen, hedonistischen Lebenswandel los, identifizierte sich mit den Armen und Kranken und predigte allen, die er traf, die Botschaft Christi. Viele schüttelten den Kopf über sein exzentrisches Verhalten und seine selbst auferlegte Armut, doch er war zweifellos charismatisch. Er predigte zu den Vögeln, bändigte einen hungrigen Wolf, lebte in Einheit mit der Natur und rühmte in seinem »Sonnengesang« die Schöpfung. In einer Vision wurden ihm von einem Engel die fünf Wundmale Christi verliehen, die er jedoch den Rest seines Lebens verbarg. Ihm haben wir die Tradition der Krippenspiele zu verdanken. Diese und weitere Aspekte von Franziskus' Leben machten den Ort Assisi zur spirituellen Keimzelle. Ein Kloster wurde gegründet sowie der Nonnenorden der Klarissen. Als die Stadt anwuchs, mehrten sich auch die Aufträge für Bauherren und Künstler wie Cimabue, Pietro Lorenzetti, Simone Martini und Giotto.

1997 erschütterten Erdbeben Assisi, doch dank der Liebe der Stadt zu ihrem geistlichen und künstlerischen Vermächtnis wurde schnell mit der Restaurierung begonnen. Obgleich die Renovierung von materiellen Kunstschätzen angesichts der Lehren des heiligen Franziskus paradox ist, sind doch die Inspiration und die Erleuchtung, die sie Generationen von Besuchern ermöglichten, von unschätzbarem Wert.

links Die Basilica di San Francesco d'Assisi, die Mutterkirche des Franziskanerordens, besteht aus Unter- und Oberkirche. Nach Franziskus' Heiligsprechung 1228 begannen die Arbeiten an der Basilika – auf dem früheren Colle dell'inferno (Höllenhügel), an dem Verbrecher hingerichtet worden waren. Heute heißt er Colle del Paradiso (Paradieshügel).

oben Das Schiff der Oberkirche ist mit Fresken bemalt, von denen die meisten wohl von Giotto und seinen Mitarbeitern stammen. Die Bilder erzählen vom Leben des Franziskus, basierend auf der »Legenda major« des heiligen Bonaventura. Sie sind zuweilen sehr bewegend, und man sollte sich für die Betrachtung viel Zeit nehmen.

links »Die Vertreibung der Teufel aus Arezzo« malte Giotto di Bondone irgendwann vor 1300 an eine Wand der Oberkirche von Assisi. Beachtenswert ist, wie der Künstler die Kirche von der Stadt getrennt hat, die zwischen den Teufeln oben und deren Schatten unten eingeklemmt ist. Während die Bewohner innerhalb der Stadtmauern kauern, schlägt der exorzierende Mönch mit seinem Arm eine Brücke zwischen der Kirche und der Laienschaft.

links Die Stigmatisierung des heiligen Franziskus, ebenfalls von Giotto, ist auch in der Oberkirche zu sehen. Die Bergszenerie und die Kluft, die sich unter den Füßen des Heiligen auftut, symbolisieren, dass er außerhalb der Welt, auf einer höheren Ebene weilt. Die kräftigen Farben verleihen dem Bild dramatische Wirkung. Die Bilder wurden auf frischen, noch nassen Putz gemalt – daher der Name »Fresko« (von italienisch *fresco*, frisch).

Berg Athos Chalkidiki, Griechenland

Der kegelförmige Marmorberg Athos, Ágion Óros, ist seit über 1000 Jahren eine der Gottesverehrung gewidmete Stätte. Der häufig von Schnee bedeckte Gipfel ragt 2033 Meter in den Himmel. Seine Halbinsel ist bis zu 12 Kilometer breit und ragt 50 Kilometer in die Nordägäis.

Der Legende nach wurde der Berg während eines Kampfs zwischen Göttern und Giganten geformt, als Zeus einen vom Giganten Athos gegen ihn geschleuderten Berg abwehrte. Dieser fiel ins Meer und bildete den Berg Athos. Eine andere Version besagt, dass der Berg entstand, als Poseidon Athos mit einem Felsen erschlug. Die Mönche, die heute auf dieser östlichsten Chalkidiki-Halbinsel leben, erzählen eine andere Geschichte darüber, wie das Christentum hierher gelangte. Die frühen Bewohner beteten zu den antiken Göttern. Im frühen 1. Jahrhundert n. Chr. suchten Reisende auf dem Weg nach Zypern – der Evangelist Johannes wollte Maria zu Lazarus bringen – hier Schutz vor einem Sturm. Maria spürte, dass dieser Ort heilig war, und war von seiner Schönheit so angetan, dass sie Gott bat, bleiben zu dürfen. Er entgegnete: »Dieser Platz soll dir als dein Paradiesgarten gehören und Hafen sein für jene, die Errettung suchen.« Dann erschütterte ein Erdbeben das Land, und alle den antiken Göttern geweihte Bauten, darunter ein Apollo-Tempel, wurden zerstört.

Bald wurden die hier Ansässigen getauft, und sie nahmen den christlichen Glauben an. Die ersten Mönche kamen im 5. Jahrhundert. Man schätzt, dass hier, im »Garten der Gottesmutter«, schließlich 20 000 Mönche lebten. Aufgrund politischer Unruhen wurde die Halbinsel mehrmals verlassen, doch im frühen 20. Jahrhundert wurde sie als Mönchsrepublik mit autonomem Status anerkannt. Zurzeit wohnen und arbeiten etwa 300 Mönche in 20 Klöstern und Einsiedeleien. Athos ist nur vom Meer aus zu erreichen, und die zerklüftete Küste erschwert den Zugang. Doch in dieser Isolation können sich die Mönche ganz ihrer Gottesverehrung widmen, ohne weltliche Ablenkungen. Frauen ist der Besuch des heiligen Berges verwehrt.

rechts Dieses Kloster scheint geradezu aus dem Felsen zu wachsen. Der Fleiß und die Hingabe der hier ansässigen Mönche äußern sich in den terrassenförmig angelegten Küchengärten, den massiven Mauern sowie im geordneten, disziplinierten Tagesablauf, in dem sie immer nach Perfektion streben.

oben Das griechische Wort für Kloster, *monasterion*, aus *monos* (allein) und *terion* (zweckgebundener Ort) zusammengesetzt, bedeutet also »Ort des einsamen Lebens«. Auf dem Berg Athos gibt es verschiedene Stufen des Alleinseins. Die Halbinsel ist schon von der Außenwelt abgeschnitten, manche Mönche leben zudem als Einsiedler von den anderen isoliert und suchen in der Einsamkeit die Vereinigung mit Gott. Die Architektur reflektiert, was man durch ein einsames Leben erreichen kann: Ordnung, Ruhe und Beständigkeit.

oben Diese Luftaufnahme eines der Athos-Klöster vermittelt einen guten Eindruck der Schönheit dieser Stätte. Das Nebeneinander von tiefem Meer und bewaldetem Berg, der sich in den Himmel erhebt, stellt eine Art Mikrokosmos der Schöpfung dar. Der Kontrast von fließendem Wasser und trockenem Land gilt häufig als Symbol für den Übergang von einem Reich in ein anderes. Besucher im Garten der Gottesmutter – es dürfen ihn allerdings nur Männer betreten – bezeichnen ihn oftmals als ein Paradies auf Erden.

oben Künstlerisches Talent ist ein Geschenk Gottes, und Sakralkünstler betrachten ihre Werke als Dienst für den Herrn und die Welt. Fresken, Mosaike und Buntglasfenster in den heiligen Bauten auf dem Berg Athos erzählen Geschichten aus dem Alten und Neuen Testament sowie aus dem Leben von Heiligen. Aneinandergefügt würden die herrlichen, von byzantinischen und späteren Meistern geschaffenen Kunstwerke ca. 100 000 Quadratmeter bedecken.

Delphi Fokís, Griechenland

Die Götter, zu denen einst in Delphi und anderen antiken Orten gebetet wurde, werden heute nicht mehr verehrt, weshalb sich die Funktion dieser Stätten gewandelt hat. Doch noch immer erzählen sie vom Wunsch der Menschen, das Göttliche zu finden. Sie lehren die Ehrfurcht vor der natürlichen Welt und haben zweifellos die Vorstellungen des Heiligen geformt und dazu beigetragen, Arten der Gottesverehrung zu prägen. Darüber hinaus: Wer würde zu behaupten wagen, dass diesen Orten kein Geist innewohnt, der auch die Seelen moderner Menschen nähren kann?

Delphi liegt auf einer Berglehne des Parnass oberhalb des Tals des Flusses Pleistos über dem Golf von Korinth. Der Ort war schon 1500–1100 v. Chr. besiedelt, hier wurde die Erdgöttin Gaia verehrt. Python war ihre Schlangentochter und Wächterin über diesen schönen Platz. Der Sage nach ließ Zeus zwei Adler von je einem Ende der Welt aufsteigen, die sich in Delphi trafen, das daraufhin zum Mittelpunkt der Erde erklärt wurde. Apollon, Sonnengott und Sohn des Zeus, kam vom Berg Olymp nach Parnass und kämpfte gegen Python, die aber nach Delphi floh. Apollon tötete sie hier und

oben links Der Tempel des Apollon aus dem 4. Jahrhundert v. Chr. steht an der Stelle eines älteren Schreins. Hier versank die Pythia durch das Einatmen von Rauch in Trance. Alten Legenden zufolge war die tote Python Ursprung des Qualms, von dem der Philosoph Plutarch, der hier Priester war, erzählte. Geologen haben hier austretende Gase bestätigt.

oben In der Kastilia-Quelle in diesem Brunnenhaus mussten die Fragesteller baden, ehe sie das Orakel konsultierten. In der griechischen Mythologie wurde die Nymphe Kastilia zu dieser Quelle, deren Wasser Dichtergabe verlieh. Der Dichter Byron (1788–1824) soll hier gebadet haben. Die Quelle wurde wohl schon vor dem klassischen Delphi genutzt.

beanspruchte den Platz, den er mit einem Omphalos-Stein markierte. *Omphalos*, griechisch für Nabel, steht für den Mittelpunkt der Erde, den »Nabel der Welt«.

Später lernte Apollon von Pan die Geheimnisse des Wahrsagens und baute einen Tempel, der zum Sitz des Orakels und Zentrum der Prophezeiungen wurde. Medium für das Orakel war die Hohepriesterin Pythia, die in der heiligen Kastilia-Quelle badete und von der Kassotis-Quelle trank. In Trance kamen dann Worte in einer unbekannten Sprache über ihre Lippen. Diese Worte wurden von Priestern interpretiert und dienten dazu, Könige und Politiker zu beraten – mit solch großem Erfolg, dass sich Delphi zum Zentrum der Weisheit entwickelte. Heute sieht man noch Überreste des Apollontempels, des Altars von Chios, der Stoa der Athener, der Tholos und der Kastalia-Quelle. Die Steine an dieser Stätte sprechen von Handwerkskunst, Hingabe und Heiligkeit. Doch noch ehe hier der erste Stein an seine Stelle kam oder der erste Gott verehrt wurde, war dies ein Ort gewaltiger Schönheit und Kraft.

Afrika & Mittlerer Ost

n

Judentum, Christentum und Islam haben ihre Ursprünge in der Region, die wir als Mittlerer Osten kennen und Teile von Südwestasien und Nordafrikas umfasst. In Afrika selbst sind Christentum und Islam die am weitesten verbreiteten Glaubenslehren, aber auch traditionelle Religionen werden noch immer ausgeübt, in denen Ahnenverehrung, Magie und Hexerei eine nicht unwesentliche Rolle spielen. Die Traditionen variieren freilich von Land zu Land, von Ort zu Ort, und die Plätze, die wir in diesem Kapitel besuchen, reflektieren dieses breite Glaubensspektrum.

Petra im heutigen Jordanien sah im Lauf vieler Jahrhunderte verschiedene Glaubensrichtungen kommen und gehen und steht symbolisch für die Orte, die wir in diesem Kapitel beschreiben. Schon 7000 v. Chr. war diese Region bewohnt – hier lebten Personen aus dem Alten Testament. Der Handel mit Perlen aus Türkis, Muscheln und Perlmutt war vielleicht dafür verantwortlich, dass Petra über mehrere Routen mit der Außenwelt verbunden ist.

Drei dieser Plätze werden heute nicht mehr für die Gottesverehrung benutzt und sind auch nicht mehr bewohnt. Die jordanische Regierung vertrieb 1985 die Bedoul aus Petra, um die Stadt archäologisch zu erforschen; heute ist sie eine Touristenattraktion. Die ägyptische Stadt Gizeh hat an die fünf Millionen Einwohner, die antike Stätte wird aber vor allem von Urlaubern und Archäologen besucht. In Südafrika leben die San, Jäger-Sammler-Buschmänner, die einst in den Höhlen ihre Götter verehrten und mit der Geistwelt kommunizierten, nicht mehr im uKhahlamba-Drakensberg-Park – ihre Nachkommen zogen an andere Orte. Das heißt aber nicht, dass von diesen Plätzen Herz und Seele verschwunden wären. Die Bewohner von Petra und dem uKhahlamba-Drakensberg-Park hinterließen zwar keine schriftlichen Zeugnisse über kulturelle Aktivitäten, doch an allen drei Orten fand man anschauliche Belege für ihre Glaubenssysteme – in Form von Kunst und Architektur. Gemälde, Zeichnungen und Hieroglyphen sprechen Bände über Rituale und Bekenntnisse, und Plätze, an denen die Götter verehrt wurden, umweht noch immer spirituelles Flair. Auch die anderen Stätten in diesem Kapitel sind voller religiöser Symbolik.

In Bethlehem malen Minarette, Kuppeln, Türme und Mondsicheln eine deutliche Symbolschrift an die Skyline. Ebenso wie in Damaskus zeugen sie von einer tief verwurzelten Religiosität. Die Stone Town in Sansibar ist für ihre geschnitzten Türen mit einer Art Schrift aus natürlichen Formen berühmt, und die Dogon in Mali brachten über ihren Türen und Altären stilisierte symbolische Figuren an. Im Alten Testament dient Feuer als Symbol für die Kraft Gottes, im Neuen Testament steht es für den Heiligen Geist. Das alljährliche Kreuzfest mit großen Feuern auf den Hügeln über Maalula in Damaskus erinnert an die Flammen am »Weg der Heiligen« zwischen Jerusalem und Konstantinopel. Heilige Geometrie war die komplexe Sprache, die die Studenten in Timbuktu lernten, und erst nach und nach verstehen Mathematiker, wie frühislamische Künstler die komplizierten Muster bildeten, die mithilfe der Technik des 21. Jahrhunderts endlich dechiffriert werden können. Im äthiopischen Lalibela befinden sich Kirchen unter der Erdoberfläche und auf Klippen. Hier findet man das christliche Kreuz in verschiedenen Ausführungen – als Gemälde, aus Metall, Stein und Holz –, deren Bedeutung teilweise im Dunkeln liegt.

All diese Zeichen visueller Metaphorik erfüllen bestimmte Zwecke und spielen eine andere Rolle als die narrativen Bildelemente etwa in der moderneren westlichen Kunst. Sie repräsentieren kosmische Konzepte, und ihre Bedeutung geht weit über die irdischen Materialien hinaus, aus denen sie gefertigt sind. So wie eine Landschaftsmalerei die Illusion von

Tiefe und Räumlichkeit bewirken kann, führen uns diese Zeichen und Symbole in eine andere Dimension. Auf den ersten Blick wirken sie vielleicht nur dekorativ, doch sie enthalten für den Betrachter, der sich darauf einlässt, wichtige Botschaften.

Frühislamische Künstler bildeten keine lebenden Kreaturen ab, auch keine Menschen. Heilige Geometrie war das visuelle Mittel der Wahl. Die Formation dieser wunderbaren, sich nicht wiederholenden Muster verblüffte moderne Mathematiker, und auch das Wissen über Sternenkunde war sehr fortschrittlich. Die Dogon in der Felsenwelt von Bandiagara hatten einige astronomische Kenntnisse, die sie laut einem modernen Astronom gar nicht haben durften! Theoretisch hätten sie – ohne ausgefeilte Gerätschaften – nicht in der Lage sein dürfen, die Existenz eines bestimmten Sterns zu erkennen, doch diese Kenntnisse teilten sie wohl mit Kulturen des Niltals. Dass »primitive« Kulturen heutige Gelehrte in Staunen versetzen, ist ein Wunder für sich, und vielleicht werden sich künftig noch mehr Mythen als Wahrheiten entpuppen.

Rituale und Zeremonien stehen häufig im Zusammenhang mit bestimmten Orten. Während die Plätze der Gottesverehrung in der jeweiligen Konfession Gemeinsamkeiten haben, sind manche Orte einzigartig – wegen einer bestimmten Person oder einem Ereignis in der Vergangenheit. Ein rotes Band etwa, das am Grab der Rachel in Betlehem gesegnet wurde, soll Frauen in der Schwangerschaft schützen. Und ein Bad in einem Becken vor der der Jungfrau Maria geweihten Kirche in Lalibela soll bei Kinderwunsch helfen. Nach islamischer Tradition waschen sich die Gläubigen vor dem Gebet in der Umayyaden-Moschee in Damaskus im Brunnen vor dem Eingang. Im Inneren fallen die Gläubigen ehrfürchtig auf die Knie und vollführen symbolische Gesten. Dies ist nicht eben ungewöhnlich; was aber diese Moschee einzigartig macht, ist das Grab von Johannes dem Täufer. Er hatte jüdischen Hintergrund, taufte Jesus Christus und gilt sowohl im Christentum als auch im Islam und im Bahaismus als Prophet. Dieser Ort, an dem Mohammeds Verehrer beten, ist also ein Ort von konfessionsübergreifender Bedeutung. Vielleicht weisen diese Zeichen religiöser Toleranz und gegenseitigen Respekts auf künftige Harmonie zwischen den Religionen hin. Afrika gilt als Wiege der Menschheit und ist der Kontinent mit der längsten spirituellen Tradition und Geschichte. Wenn wir bereit sind, von jenen zu lernen, die außerhalb unseres Glaubenssystems stehen, und mit ihnen zusammen zu arbeiten, können wir optimistisch und zuversichtlich in die Zukunft blicken.

von links nach rechts Umayyaden-Moschee, Damaskus, Syrien; Maalula, Syrien; Timbuktu, Mali; Lalibela, Semien-Wollo-Region, Äthiopien.

Petra Jordanien

Die antike Stadt Petra wurde in einer felsigen Landschaft, in der lange vor jedweden Aufzeichnungen Menschen in Höhlen und Grotten lebten, halb gebaut und halb aus den Felsen gehauen. Hier soll Moses mit seinem Stab in den Stein geschlagen haben, woraufhin auf mysteriöse Weise eine Quelle sprudelte, die den Israeliten beim Auszug aus Ägypten Wasser spendete. Hier soll auch seine Schwester Miriam bestattet sein. Die Verbindung mit Moses, dieser so wichtigen Figur in mehreren Konfessionen, verleiht diesem erstaunlichen Ort noch zusätzliche Bedeutung. Petra wurde Mitte des 2. Jahrhunderts v. Chr. von den Nabatäern als Karawanenstadt am Scheitelpunkt zwischen Handelsplätzen errichtet und den Göttern geweiht. Die Nabatäer konstruierten Tempel und Grabstätten. Als im 4. Jahrhundert die Christen kamen, wurden die alten Götter verdrängt und Kirchen gebaut.

Die Atmosphäre und Architektur Petras sind einzigartig. Der Sandstein wurde zu erstaunlichen Bauwerken gemeißelt, die einen geradezu unerhörten hellenistischen Einfluss erkennen lassen. Im Lauf der Jahrhunderte polierten die Kräfte der Natur die Bauten und ließen sie erodieren, sodass sie sich immer mehr in die Felsenlandschaft einfügten.

Was also findet der moderne Besucher hier vor? Der Siq ist eine einzigartige Felsschlucht voller Götterskulpturen und Nischen. An der Einmündung dieser engen, dunklen Schlucht erstrahlen in hellem Licht die Säulen des Schatzhauses, das im 1. Jahrhundert als Tempel errichtet worden war. Außerdem gibt es hier ein Kloster (Ed-Deir), ein Amphitheater, Kirchen und Gräber. Beachtenswert sind auch die Steintreppe, die auf den Berg führt, und die natürlichen Muster an den Mauern und in den Höhlen. Überall in der Stadt verlaufen Kanäle und Rohre, die die Bewohner mit Wasser versorgten – nachdem Moses jene Quelle hatte entspringen lassen, wie es im Buch Exodus beschrieben ist.

rechts Der Siq ist eine über einen Kilometer lange, dunkle Kluft im Felsen, die die Vorfreude auf das Schatzhaus, Khazne, schürt. Hier sollte man ein wenig verweilen, um die in Nischen gemeißelten Götter, Brettspiele und die phänomenalen natürlichen Muster im Stein zu betrachten, ehe man sich von der herrlichen Fassade des Schatzhauses blenden lässt, das hier seit 3000 Jahren im gleißenden Sonnenlicht steht.

links Das Ed-Deir, deutsch »Kloster«, war eigentlich ein Grabmal – dass man es für ein Kloster hielt, lag wohl an den eingemeißelten Kreuzen. Die Steinmetze arbeiteten sich von der Spitze in 45 Metern Höhe, die von einer Urne gekrönt wird, nach unten. Harmonisch passen sich die linearen Bildhauerarbeiten in die natürlichen Gesteinsschichten ein.

oben In den Gräbern befinden sich Nischen und Kammern, *loculi*, für die Totenverehrung, Altäre und Götterbildnisse. Die Sprache der Nabatäer stammte vom Aramäischen ab. An den Wänden gab es wohl Inschriften, die aber verschwanden – vielleicht entfernt von den Christen, die die Räume später nutzten. So kann man heute nicht mehr sagen, wer hier bestattet wurde.

Betlehem

Stadt Betlehem, Westjordanland

In dieser Stadt befindet sich das Grab der alttestamentarischen Matriarchin Rachel, hier kam Jesus zur Welt, und Mohammed betete hier – all dies macht Betlehem zu einem Zentrum für Judentum, Christentum, Islam und Bahaismus. Der Himmel über Betlehem war Schauplatz bedeutsamer kosmischer Ereignisse, die in der ganzen Welt bekannt wurden, und auch heute noch findet man für diese Phänomene Zeugnisse.

Das Buch Genesis erzählt, dass Rachel, nachdem sie bei der Geburt ihres dritten Kindes gestorben war, an der Straße nach Efrata, dem heutigen Betlehem, bestattet wurde und ihr Mann Jakob dort einen Gedenkstein aufstellte. Zum Grab der Rachel pilgern noch immer vor allem Frauen, die um Empfängnis und eine gesunde Schwangerschaft bitten (Rachel war lange Jahre kinderlos, ehe sie zwei Söhne gebar). Es heißt, Rachel vergoss Tränen, als vertriebene Juden an ihrem Grab vorübergingen.

links Betlehems Skyline offenbart die verschiedenen Konfessionen in der Stadt. Die Mondsichel hatte lange vor Entstehung des Islam symbolische Verwendung, wurde von diesem aber übernommen, weil im islamischen Mondkalender die erste schmale Sichel nach Neumond den ersten Tag des Monats markiert. Das Kreuz verkündet – für die Christenheit – Jesu Tod und Wiederauferstehung.

oben Die Wände und der Boden der Hauptapsis in der Geburtskirche waren ursprünglich reich mit Mosaiken und Mustern dekoriert. Die Teile, die noch zu sehen sind, sind durch Glasscheiben vor den Füßen der Besucher geschützt. In den Mustern sind heilige Symbole sowie geometrische und natürliche Formen zu erkennen.

Engel verkündeten den erstaunten Hirten auf den Feldern rund um Betlehem Christi Geburt. Die Hirten liefen in die Stadt, wo sie das Kind in einer Krippe fanden. Später identifizierten Sterndeuter von weither einen wundersamen Stern und folgten ihm in die Stadt, ebenfalls auf der Suche nach Jesus. An der Stelle, die als Geburtsort gilt, steht heute die Geburtskirche.

Betlehem ist auch der Ort, an dem Mohammed im ersten Jahr des islamischen Kalenders auf seiner Reise von Mekka nach Jerusalem Rast machte und betete. Manche sagen, er flog auf einem geflügelten Pferd, Buraq. Vielleicht war sein Besuch auch spiritueller Art, und er wurde vom Engel Gabriel durch die Lüfte getragen. So sorgen viele für die abrahamischen Glaubensrichtungen bedeutungsvolle Ereignisse dafür, dass Betlehem nicht nur voller religiöser Aktivitäten ist, sondern auch ein Ort, der Toleranz und Respekt zwischen den einzelnen Glaubensgruppen verlangt.

links Übernatürliche Kräfte verkündeten den Hirten die Geburt Christi auf Feldern wie diesen bei Betlehem. Man stelle sich den Sternenhimmel in einer klaren Nacht vor, überstrahlt von der Glorie Gottes und beim Gesang eines Engelschors! Und die Aufregung unter den Ersten, die Christus in einer Viehkrippe besuchen.

unten Das Grab der Rachel – ursprünglich ein einfacher Gedenkstein – wurde im Lauf der Zeit verändert. Aufgrund politischer Unruhen ist es heute verstärkt gesichert. Doch die alte Tradition wird fortgeführt: Rote Bänder werden um das Grab gelegt, geweiht, in Teile geschnitten und von Frauen, vor allem in der Schwangerschaft, um Hals oder Armgelenk getragen.

Umayyaden-Moschee

Damaskus, Syrien

Damaskus ist die älteste kontinuierlich bewohnte Stadt der Welt, und die Umayyaden-Moschee ist eine Art Mikrokosmos ihrer vielfältigen Geschichte. In der Antike wurde dort Hadad, der syrische Gott des Donners und des Blitzes, angebetet. Nachdem er vom römischen Gott Jupiter verdrängt worden war, wurde sein Heiligtum zum Jupitertempel. Nach Damaskus begab sich Saulus, der spätere heilige Paulus, nach seiner Vision, die ihn zum Jünger Jesu machte. Im 4. Jahrhundert n. Chr. nutzten die Christen den römischen Tempel als Kirche, um Christi Botschaft der Nächstenliebe zu verkünden. Schließlich besuchten auch die Muslime das Gotteshaus – die Anhänger beider Religionen traten durch die gleiche Pforte ein, beteten aber in respektvollem Abstand voneinander. Im Lauf der Zeit wurden die Gemeinden zu groß, und die Christen zogen in ein anderes Gebäude um. Der Umayyaden-Kalif Abdul Malek bin Marwan ließ die Moschee renovieren. Glücklicherweise sind viele Zeugnisse der Vergangenheit erhalten und können von der Geschichte dieses großartigen Bauwerks erzählen.

Zur Moschee gelangt man über den lebhaften Souk, doch wenn man die römischen Säulen hinter sich lässt, verstummt der Lärm, und auf der anderen Seite eines sonnigen Hofes liegt der Eingang der Moschee. Im Inneren findet man wunderbare Koranschriften und kunstvolle geometrische Muster, die typisch sind für die islamische Sakralkunst. Doch erneut nutzen auch Christen das Gebäude, und auch Touristen dürfen es besichtigen.

Die Moschee hat zwar eine turbulente Vergangenheit, doch die Tatsache, dass diese unterschiedlichsten Gruppen Eintritt haben, ist schlicht erfreulich. 2001 besuchte Papst Johannes Paul II. die Moschee und rief zu mehr gegenseitigem Verständnis zwischen Christentum und Islam auf – die Umayyaden-Moschee ist dafür das beste Beispiel.

rechts Die Umayyaden-Moschee erhebt sich mitten im hektischen, turbulenten Damaskus. Die vielfältige religiöse Geschichte dieser Region belegen mehr als 100 Sakralbauten. Ein Besuch in der Moschee wurde als Moment beschrieben, der die Religionen miteinander vereint, sowie als einzigartige Chance, diese Einheit in einem multi-ethnischen, aber doch muslimisch geprägten Land zu feiern.

oben Der Brunnen für die Waschungen steht im Innenhof vor dem westlichen Eingang zum *haram*, der heiligen Stätte. Geometrische Muster kennzeichnen das islamische Design, von den Mosaiken im Boden bis zu den Kuppeln. So wie Laute an bestimmten Orten Echos verursachen, so soll sakrale Geometrie die Kraft der Gebete und anderer heiliger Energien verstärken, indem sie das Spirituelle in die physische Welt überträgt.

rechts Ob hier tatsächlich der Kopf von Johannes dem Täufer bestattet ist, ist weniger wichtig als die symbolische Bedeutung dieses Schreins für die Anhänger der abrahamischen Religionen (Christentum, Judentum und Islam). Johannes war ein jüdischer Prediger, Prophet und Asket und taufte Jesus Christus. Zu seinem Schrein kommen jene, die gemeinsam beten wollen, jene, die nach Einsamkeit streben, und jene, die noch nach einem Glauben suchen.

rechts Die korinthischen Säulen, die das kunstvoll verzierte Schatzhaus tragen, lassen klassischen Einfluss erkennen. Hinter dem *sahn*, dem Innenhof, steht das Al-Arous-Minarett, von dem der Muezzin mit seinem Gesang – in alle vier Himmelsrichtungen – zum Gebet ruft. Die Rolle des Muezzin geht bis auf die Zeit Mohammeds zurück.

Ma'alula Syrien

Im Qualamun-Gebirge, etwa 50 Kilometer nördlich von Damaskus, liegt eine Stadt, deren Bewohner noch immer das neutestamentarische Aramäisch sprechen und die Höhlen und Straßen benutzen, die die Frohlockungen, Verletzungen und Wunder der frühesten Christenheit gesehen haben. Man findet viele Zeugnisse der Vergangenheit – Kirchen, Schreine usw. –, am meisten beeindruckt jedoch die Tatsache, dass viele davon nach wie vor genutzt werden – als Zeichen eines aktiven, vitalen spirituellen Reichs.

Das Mar-Sarkis-Kloster wurde im 4. Jahrhundert an der Stelle eines heidnischen Tempels errichtet, und sein Altar wird seither kontinuierlich genutzt. Es ist bewegend, solch eine direkte Verbindung zu all den Generationen von Gläubigen zu haben, die ihre Freuden und Sorgen an diesen Altar trugen und hier die Sakramente empfingen. Man spürt förmlich die Kraft ihrer Gebete.

links Das Kloster der heiligen Thekla befindet sich etwas entfernt von der Bergkluft, durch die die Heilige fliehen konnte. Es ist erhebend, sich vorzustellen, dass Theklas Glaube stark genug war, um sie vor den römischen Soldaten zu retten, und dass sie unter solch großem Druck in der Lage war, Gott um ein Wunder zu bitten. Sie konnte aus ihrer misslichen Lage Kraft ziehen und widmete ihr Leben der Gottesverehrung.

oben Das am Berg gebaute Ma´alula heißt Pilger willkommen. Der hier gesprochene aramäische Dialekt wurde nie von den Einheimischen niedergeschrieben, ist aber Bibelgelehrten vertraut. Zu den hiesigen Traditionen gehört das Kreuzfest, wenn im Gedenken an den »Weg der Heiligen« von Jerusalem nach Konstantinopel auf den Gipfeln Feuer entzündet werden.

Doch die direkte Verknüpfung mit dem frühen Christentum ist noch älter als dieser Altar. Um das Jahr 45 n. Chr. kam eine junge Frau namens Thekla, die den Predigten des heiligen Paulus gelauscht hatte, nach Antiochia, wo sie wegen ihres christlichen Glaubens von den Römern verurteilt wurde. Sie sollte auf dem Stadtplatz verbrannt werden, doch ein wundersamer Regenguss löschte die Flammen, und sie floh in ihr Dorf. Die römischen Soldaten verfolgten sie und jagten sie durchs Gebirge. In einer Sackgasse gefangen, betete sie um ein weiteres Wunder. Da spaltete ein mächtiges Krachen den Berg, und sie konnte sich durch den entstandenen Riss in Sicherheit bringen.

Von da an lebte sie in einer Höhle und segnete, heilte und belehrte all jene, die von ihrer Geschichte gehört hatten und sie aufsuchten. Ma´alula bedeutet »Eingang« auf Aramäisch und bezieht sich auf jenen wundersamen Riss im Berg. Dieser Ort wirkt als Tor zu einem tieferen Verständnis.

oben Ma´alula ist eine überwiegend christliche Gemeinde mit rund 2000 Einwohnern in einem vorwiegend muslimischen Land, und Pilger vieler Glaubensrichtungen lassen sich hier segnen und bringen Opfer dar. Die Stadt hat mehrere Klöster – hier sieht man das Mar-Tekla- und das Mar-Sarkis-Kloster. Letzteres ist nach einem römischen Soldaten benannt, der hier für seinen Glauben sterben musste. Viele der Kirchen, Schreine und Klöster haben viele Jahrhunderte überdauert und besitzen eine geradezu zeitlose Aura.

rechts Ma´alula, »Eingang«, ist nach dieser Öffnung im Berg benannt. Durch diese Kluft soll die heilige Thekla den römischen Verfolgern entkommen sein. Zur gleichen Zeit schoss eine Quelle aus dem Felsen, deren Wasser in die Höhle plätscherte, in der die Heilige fortan lebte. Heute trinken Pilger von dem Wasser, und auch Theklas Grab ganz in der Nähe ist seit langer Zeit ein Wallfahrtsort.

Pyramiden von Gizeh Kairo, Ägypten

Dass in der Gizeh-Ebene einige der erstaunlichsten von Menschen geschaffenen Bauwerke stehen, ist hauptsächlich der Nähe zum Nil zu verdanken. Er machte das Land fruchtbar, war Transportweg und spielte eine zentrale Rolle in der antiken ägyptischen Kosmologie. Auf der einen Seite des gen Norden fließenden Nil ging die Sonne auf, auf der anderen unter. Nachts passierte sie die Unterwelt, am nächsten Morgen begann der Zyklus von Neuem.

Erschien Sopdet, der helle Stern, den wir Sirius nennen, erstmals im Jahr am Firmament, kündigte er die alljährliche Überflutung an, die das Land bewässerte und fruchtbaren Schlamm brachte. Dieses Datum war bedeutsam für die Entstehung des antiken Kalenders vor rund 5000 Jahren. Der Lebensrhythmus war auf zyklische Ereignisse ausgerichtet, und das Überleben der Menschen hing von unermesslichen kosmischen Kräften ab.

Was hat das alles mit diesen gewaltigen Konstruktionen zu tun, die unsere Bewunderung und Vorstellungskraft entfachen? Die alten Ägypter waren großartige Mathematiker, Architekten und Wissenschaftler und lebten in einer hierarchisch gegliederten Gesellschaft, in der die Aristokraten nur noch die Götter über sich hatten. Ihre Künstler und Gelehrten erzählen uns, dass der Tod in dieser Welt den Eintritt in ein nächstes Leben bedeutete. Für diesen Übergang wurden die großen Herrscher balsamiert und entsprechend ausgestattet.

Hierbei spielten die Pyramiden eine Rolle, nicht nur als Grabkammern, sondern als Zentren der Mythologie und Religion, die die Götter von Sonne, Mond und Sternen verehrten. In Gizeh stehen Pyramiden für Cheops, Chephren und Mykerinos, daneben die Große Sphinx, Tempel und weitere Bauten, die so lange überdauerten, wie es sich ihre Erbauer wohl nicht vorstellen konnten. Wie ein arabisches Sprichwort sagt: »Der Mensch fürchtet die Zeit, aber die Zeit fürchtet die Pyramiden.«

links Die Pyramiden mit ihren quadratischen Fundamenten und dreieckigen Seiten sind stabil und massiv. Aber sie sind nicht nur schön anzusehen, sondern auch zweckdienliche Monumente, der Vorstellungskraft und des Glaubens. Hinter scheinbar schlichten, aber mit äußerster Präzision gebauten Mauern aus Kalkstein- und Granitblöcken findet man eine Fülle von Kunst, Wissenschaft und Magie.

oben Von den Sieben Wundern der Antike steht heute nur noch die Cheops-Pyramide. Der Pharao Cheops regierte von 2585–2566 v. Chr. In der Pyramide, von der aus dieser Herrscher sich auf seine mystische Reise in die nächste Welt begeben sollte, befinden sich Gänge und Schächte, mit der Königskammer als Mittelpunkt.

oben Die gigantische Sphinx hat den Kopf eines Pharaos und den Körper eines Löwen. Zwischen ihren mächtigen Pranken liegt ein kleiner Tempel. Der rätselhafte Löwenkörper symbolisierte das Sternbild Löwe, meinen einige. Das 73 Meter lange und 20 Meter hohe rätselhafte Monument besteht größtenteils aus einem einzigen Felsblock, das Fundament bilden zusammengesetzte Steinquader.

oben Mit einer Grundfläche von 45 000 Quadratmetern ist die Chephren-Pyramide die zweitgrößte Pyramide in Gizeh. Im Gegensatz zu den beiden anderen enthält sie teilweise noch die polierten Kalksteinverkleidungen. Diese erstrahlten im Sonnenschein besonders hell, was einen scharfen Kontrast zu den Schatten bildete. Bei Sternenlicht muss die Pyramide besonders mystisch gewirkt haben.

Felsen von Bandiagara

Region Mopti, Mali

Das 150 Kilometer lange Bandiagara-Felsmassiv, das Mali durchquert und seit prähistorischer Zeit bewohnt wird, ist voller Höhlen. In der Region leben die Dogon, die im 14. Jahrhundert die Tellem vertrieben hatten.

Die Höhlen dienen als Schreine für die Ahnen, die Dogon selbst wohnen in strohgedeckten Lehmhütten an den Klippen. Ihr komplexes Glaubenssystem ist von der wechselseitigen Beziehung zwischen der Welt der Toten und der Lebenden geprägt. In ihrer animistischen Tradition gelten Amma als Schöpfergott, Nommo als Wassergott und Lebe als Erdgott. Der Hogon (Priester) lebt außerhalb des Dorfs und schläft allein, damit ihm Lebe nachts Wissen vermitteln kann. In den Pflanzen und Steinen wohnen Geister, die mit Lebe verbunden sind, und heilige Tiere können beschützen und weissagen.

Po Tolo ist der Name eines kleinen Sterns mit sehr hoher Dichte, der den Sirius elliptisch umkreist – für eine Runde braucht er 50 Jahre. Dies feiern die Dogon, die erstaunliche astronomische Kenntnisse haben, mit Zeremonien und Tänzen. Laut einer Sage brachten ihnen Sternengeister, die mit Nommo in Verbindung stehen, die Kunde über Po Tolo, der aus dem allerhärtesten weißen Metall besteht und der Samen sein soll, aus dem die Milchstraße wuchs. Zum Teil ist das astronomische Wissen dadurch zu erklären, dass die Dogon vermutlich vom Niltal zum Bandiagara-Massiv kamen und im Niltal Sirius in der antiken Kosmografie eine entscheidende Rolle spielte. Doch Po Tolo, in der Wissenschaft als der kleine, weiße und dichte Sirius B bekannt, ist auf der astronomischen Himmelskarte relativ neu, und er folgt tatsächlich der von den Dogon beschriebenen elliptischen Bahn. Darüber hinaus ist er mit bloßem Auge nicht zu erkennen – und genau darin liegt das Mysterium: Woher hatten die Dogon ihre astronomischen Kenntnisse?

rechts Die Dogon errichteten ihre Dörfer direkt bei den Felsen, um ihren Ahnen nahe zu sein und um so viel Ackerland wie möglich frei zu lassen. Die Gebäude bestehen aus Lehm und Stroh, und viele öffentliche Bauten waren entweder Frauen oder Männern vorenthalten. Die Dogon-Kultur ist eine friedliebende Kultur, bestimmt von gegenseitigem Respekt und voller Rituale, die das harmonische Zusammenleben festigen.

links Heilige Bilder sind in die Türen geschnitzt, so die Schlange Lebe und das Wächter-Krokodil, das die Hausbewohner beschützt. Dogon-Handwerker genießen in der Gemeinde großen Respekt, weil ihre Bilder die Mythen nacherzählen und die Überlieferung sichern. Inzwischen hat der Dogon-Stil auch schon Einzug in der westlichen Kunst gehalten.

rechts Auch die Altäre verzierten die Dogon mit heiligen Symbolen. In der Mitte sieht man einen Tänzer auf Stelzen, der in einer Dama-Zeremonie – die eine Brücke für den Toten baut, über die er in die nächste Welt gelangt – einen Vogel imitiert. Die stilisierten geometrischen Figuren repräsentieren die ersten menschlichen Wesen. Rituale wie die Dama-Zeremonie sind heute auch beliebte Touristenattraktionen.

rechts unten Die Höhlen in den Felsen von Bandiagara dienen als Augen in eine andere Welt, und die Dogon nutzen sie heute als Schreine für ihre Ahnen. Die Region ist sowohl reich an Kultur als auch an einzigartigen Landschaften, was sie zum beliebten Ziel für Besucher macht. Manche Kunstwerke sind jedoch von so hoher religiöser Bedeutung, dass sie vor Außenstehenden verborgen werden.

Timbuktu Mali

Kamelkarawanen brachten das wertvolle Salz nach Timbuktu, wo es gegen Gold und Elfenbein getauscht wurde. Timbuktu war durch seine geografische Lage nahe dem Niger ein idealer Handelsplatz, und der Wohlstand und Ruhm lockte die Gelehrten an, die wiederum Bildungsinstitute, Bibliotheken und Moscheen bauen ließen.

Die 989 gegründete Sankore-Universität wurde ein islamisches Bildungszentrum, an dem Imame die Studenten die heiligen Schriften, Astronomie, Logik, Mathematik und heilige Geometrie lehrten. Timbuktu entwickelte sich zur Keimstätte spiritueller Lehren und der Literatur. Viele Bücher wurden geschrieben und gehandelt, und aus der Sahara wurde immer mehr Salz geliefert. Bildung, Glaube, Lebensmittel und Luxusgüter florierten; der Reichtum wuchs – auf allen Gebieten gab es ein großes Angebot und eine ebenso rege Nachfrage.

links Djenné gilt als Timbuktus Schwesterstadt. Die Große Moschee hier ist das weltweit größte Lehmgebäude. Bei einem jährlichen Fest reparieren die Anwohner gemeinsam die in der Regenzeit entstandenen Schäden. Spielerisch rühren Jungen den Mörtel an, Männer steigen dann die in die Mauern eingelassenen Baumstämme hinauf und bessern die Risse aus.

oben Die Djinger-ber-Moschee, ein bekanntes Bildungsinstitut in Timbuktu, besteht fast vollständig aus Lehm, Stroh und Holz und kann 2000 Personen aufnehmen. Für die Errichtung im Jahr 1327 soll Malis Herrscher 200 Kilogramm Gold bezahlt haben. Wie ganz Timbuktu bedroht die sich ausdehnende Wüste auch dieses Bauwerk.

1330 profitierte das Reich Mali von diesen Erfolgen, und die heilige Stadt Timbuktu war eines der bedeutendsten spirituellen Zentren des Islam. Doch im Lauf der Zeit verloren über 100 Bibliotheken Dokumente an europäische Bildungseinrichtungen, was dazu führte, dass unzählige Schriften fortan unter Verschluss gehalten wurden. Viele wurden in Höhlen in der Wüste und unterirdischen Tunneln versteckt. Heute bemüht man sich im Rahmen des Timbuktu Manuscripts Project, 700 000 islamische Manuskripte zu erhalten, die bis auf das 13. Jahrhundert zurückgehen, damit heutige Gelehrte und Theologen auf dieses uralte Wissen zurückgreifen können.

Viele Außenstehende glauben, Timbuktu sei nichts weiter als ein Mythos, doch ein afrikanisches Sprichwort sagt: »Salz kommt aus dem Norden, Gold aus dem Süden, aber das Wort Gottes und die Schätze der Weisheit sind nur in Timbuktu zu finden.«

oben Die Sankoré-Moschee, der Mittelpunkt der islamischen Lehre, beherbergte die erste Universität, die 989 gegründet wurde. Da die meisten Händler, die durch Timbuktu kamen, Muslime waren, entstanden viele islamische Gotteshäuser, die den Ruf der Stadt als religiöses Zentrum beförderten und viele Gelehrte anlockten. Der Handel mit Büchern wurde nur durch den Salz-Gold-Markt übertroffen.

oben Djenné ist auch als »Ewige Stadt Afrikas« bekannt, und die Große Moschee wurde an der Stelle eines früheren Palasts erbaut, der abgerissen worden war, um Raum für die Gottesverehrung zu schaffen. Das heutige Bauwerk entstand Anfang des 20. Jahrhunderts über den Ruinen der Moschee, die 700 Jahre zuvor errichtet worden war. Der Zutritt ist ausschließlich Muslimen gestattet.

Lalibela Semien-Wollo-Region, Äthiopien

Die ursprünglich Roha benannte Stadt wurde König Lalibela (1181–1221) zu Ehren umbenannt, der die einzigartigen monolithischen Kirchen bauen ließ. Die Stadt ist noch immer ein Ort der Pilgerschaft und Andacht. Nach dem Aufstieg des Islam in Jerusalem sollte Lalibelas Heimatstadt zu »Neu-Jerusalem« werden, und aus dem vulkanischen Gestein, das das äthiopische Hochland bildet, wurden zwölf wunderbare Kirchen, Katakomben und Einsiedeleien gehauen. Einige Kirchen liegen unter der Erdoberfläche, und ihre Erbauer bearbeiteten die Steine mit heute unbekannten Methoden. Jede Kirche ist anders gestaltet. Wie kam Lalibela zu seiner so mächtigen Vision, und wie konnte er andere motivieren, solch ein außergewöhnliches Projekt in diesem rauen, schwer zu bearbeitenden Terrain zu verwirklichen?

Kurz nach seiner Geburt fand seine Mutter Lalibela von einem Bienenschwarm umgeben. Nach altem Glauben interpretierte sie dies als Zeichen für künftige Größe – so wurde ihm von klein an besondere Aufmerksamkeit zuteil und er bekam den Namen Lalibela – »der von den Bienen Erkorene«. Sein Bruder, der König, fürchtete, dieser charismatische Knabe könnte ihm den Thron streitig machen, und versuchte, ihn zu vergiften. Lalibela fiel in ein drei Tage dauerndes Koma; in dieser Zeit wurde er in den Himmel gerufen, wo ihm Gott den Auftrag erteilte, jene einzigartigen Kirchen zu bauen, und ihm erklärte, wie er sie zu planen, zu errichten und zu dekorieren hatte. Als er erwachte, steckte er mit seiner Überzeugung und Begeisterung alle an – und die Vision wurde Realität. Der Legende nach waren die Kirchen schnell fertiggestellt, weil nachts, wenn die Arbeiter schliefen, Engel weiterbauten. Wie die Wahrheit auch immer aussah: Lalibelas Botschaft wirkt noch heute. Pilger kommen von nah und fern an diesen heiligen Ort, darunter Anhänger der äthiopisch-orthodoxen Tewahedo-Kirche, die über 40 Millionen Mitglieder hat. Diese ungeheuerliche Anziehungskraft ist dem begnadeten Mann zu verdanken, nach dem diese Stadt benannt ist.

rechts Anders als die Gotteshäuser, die sich in den Himmel erheben, liegen einige von Lalibelas Kirchen unter der Erdoberfläche – gleichsam im Kern der Schöpfung. Während die Erbauer vielleicht den Zorn der Gegner des Christentums fürchteten, schufen ihr Ideenreichtum und ihre Entschlossenheit ein ewig währendes Glaubenszeugnis. Das hier abgebildete kreuzförmige Dach markiert die Himmelsrichtungen.

oben Es heißt, die Abba-Libanos-Kirche (für einen der höchsten äthiopischen Heiligen) habe Lalibelas Gattin Maskal Kebra mithilfe von Engeln in einer einzigen Nacht erbaut. Zuweilen können Besucher das mysteriöse Licht sehen, das durch eigene Kraft zu leuchten scheint. Verschieden geformte Kreuze in und an Lalibelas Kirchen haben unterschiedliche Bedeutungen.

oben In der der Jungfrau Maria geweihten Bet-Maryam-Kirche sind mehrere Fresken zu bewundern. Hier sehen wir die Madonna mit Jesus, der alle segnet, die zu ihm kommen. Diese Kirche soll Lalibela besonders geliebt haben, vielleicht in Dankbarkeit für die Hochachtung, die ihm seine Mutter entgegenbrachte. In einem Becken vor der Kirche baden Frauen mit Kinderwunsch.

oben Diese Kirche auf einem Berggipfel wurde sorgsam aus dem Felsen, aus dem Berg selbst, gehauen; ihre Spitze ist noch mit dem Berg verbunden. Manche meinen, die Kirchen hätten die Einheimischen errichtet, andere sprechen sie den Tempelrittern zu oder aber Steinmetzen aus anderen Ländern, eventuell sogar Indien. Die Legende sagt, bei den Bauarbeiten seien auch Engel beteiligt gewesen.

Stone Town Sansibar, Tansania

Im Indischen Ozean liegt der Sansibar-Archipel, in dem Pemba und Unguja (Sansibar) die größten Inseln sind. Die Kultur der Sansibari ist eine Mischung aus Religion und – aufgrund jahrhundertelangen Seehandels – Einflüssen aus Afrika, Asien und Europa. Gewürznelken, Muskat und Zimt gehören heute zu den exportierten Gütern. In der Vergangenheit war Sansibar auch ein Sklavenmarkt und trug entsprechende Narben davon. Aber es diente auch als Basis für die Anti-Sklaverei-Bewegung und steht somit symbolisch für die Abschaffung dieses schändlichen Treibens.

Heute ist Stone Town das kulturelle Herz der Insel Sansibar und eine überwiegend islamische Gemeinde, in der die historische Vermischung von Kulturen vormalige Unterschiede so weit abschliff, dass Minderheiten-Religionen wie Christentum und Hinduismus akzeptiert werden. Die Stadt selbst wird von Touristen wegen ihres außergewöhnlichen Status als faszinierende historische Stadt geschätzt, während in der Nähe wunderbare Strände und eine exotische Tier- und Pflanzenwelt die heiligen Geschenke der Natur verkörpern.

Dies ist ein Ort, an dem der lebendige Glaube die Handelsgepflogenheiten prägt. Um die kleine Insel Misali findet man Korallenriffe mit reichem Fischbestand und vielen exotischen Meeresbewohnern. Doch die Fischer verwendeten Dynamit, zerstörten damit große Teile des Ökosystems und reduzierten die Fischbestände enorm. Die Regierung konnte nichts dagegen unternehmen, weshalb religiöse Führer im Koran nach Rat in dieser Angelegenheit suchten. Sie predigten, Gottes Gaben mit Respekt zu behandeln und die Kreaturen zu ehren. Ihre Bemühungen hatten tatsächlich Erfolg, und die Fischer schwenkten auf andere Fangmethoden um. Inzwischen hat sich das Ökosystem erholt, Touristen entdeckten den Archipel und brachten Geld. Zudem genießt die Gemeinde die Vorteile aus der Kombination von Religionen und Kommerz.

links Im Meer vor Sansibar leben exotische Schildkröten, Fische und Korallen. In den letzten Jahren störte das Fischen mit Dynamit die Ruhe und Balance und reduzierte die Artenvielfalt. Doch koranische Weisheiten haben die islamische Gemeinde wieder von althergebrachten Fangmethoden überzeugt; inzwischen haben sich die Fischbestände erholt und die natürliche Harmonie ist wieder hergestellt.

oben Das am Tag des Waffenstillstands gegründete Peace Memorial Museum in Stone Town erinnert an den Ersten Weltkrieg. Es gibt einen Überblick über Sansibars Geschichte – Themen sind Sklaverei, Gewürzanbau, traditionelle Handwerke, bedeutende Bauwerke und die Sultane, Missionare und Forscher, die das Leben der Sansibari beeinflussten.

oben Die labyrinthartigen Gassen von Stone Town führen zu Moscheen, Basaren und Läden, deren Eingänge häufig kunstvoll geschnitzt sind. Die Qualität der Schnitzereien wiesen einst vermutlich auf den Status des Eigentümers hin. Über 500 solcher verzierter Türen gilt es zu entdecken – die herrlich gearbeiteten Muster sind zumeist natürlichen Formen entlehnt.

oben Die Kizimkazi-Moschee gilt als ältestes islamisches Bauwerk an der ostafrikanischen Küste. Hier sieht man den Mihrab, die Nische, die die Richtung des Gebetes vorgibt. Eine Inschrift datiert ihn auf das Jahr 1107. Die Form dieses Mihrab, der das Tor nach Mekka symbolisiert, stand Modell für viele Moscheen in Stone Town.

unten Die Künstler arbeiteten sehr detailgetreu – weshalb wir annehmen müssen, dass Verformungen wie diese überlangen Oberkörper einen Zweck erfüllten. Jeder Künstler möchte etwas vermitteln und andere beeinflussen. Wenn also Bilder wie dieses Tore zu einem anderen Reich darstellen, wollen sie dazu einladen, Vertrauen zu haben und sich mit anderen Kulturen zu vereinigen.

uKhahlamba-Drakensberg-Park

KwaZulu-Natal, Südafrika

uKhahlamba bedeutet in der IsiZulu-Sprache »Barriere der Speere« und bezieht sich auf das von spitzen Gipfeln geprägte Relief der Bergkette, die die Grenze zwischen Lesotho und Südafrika markiert. Auf Afrikaans heißen sie Drakensberge – »Drachenberge«. Seit über 4000 Jahren ist dies die Heimat der San. Grasland erstreckt sich bis zum Horizont, Wasserfälle ergießen sich in Flusstäler, alles sprießt und gedeiht.

Die San erkannten den Reichtum dieses Landes, das sie nährte und spirituelle Geheimnisse wahrte. Wir wissen das aus dem, was sie uns hinterlassen haben: Die Höhlen, die die San benutzten, sind voller Felsenmalereien. Man kann sie

allein ihrer Ästhetik wegen betrachten; wenn man aber etwas Hintergrundwissen über die San-Kultur hat, versteht man sie auch. Die Kosmologie der San hatte drei Ebenen: die des alltäglichen Lebens sowie eine darüber und eine darunter. Wenn ein heiliges Tier getötet wurde, öffnete sich eine Verbindung zwischen den Reichen, und der Schamane konnte als Medium zwischen spiritueller und materieller Welt agieren. Die Elenantilope galt als Tier, das den Göttern am nächsten war, und ihr Fleisch, Fell und Fett waren eine Art spirituelle Währung, die bei Übergangsritualen, bei der Initiation und vermutlich als Bindemittel für Farben verwendet wurde. Auf den ersten Blick sieht man in einer Zeichnung vielleicht eine Jagdszene, bei näherer Betrachtung erkennt man fliegende Schamanen und Symbole für Trance und Halluzination. Menschliche Figuren mischen sich mit tierischen, räumliche Darstellungen ermöglichen mehrere Ebenen. Zeit und Raum scheinen komprimiert und schaffen eine andere Realität.

oben Es ist dem Können der San-Künstler zu verdanken, dass diese Bilder die Zeiten überdauerten. Um sie zu schützen, kann man die Höhlen nur mit Führern betreten. Lagerfeuer oder Berührungen könnten die Malereien irreversibel beschädigen. Außerdem sollten heilige Stätten respektiert werden.

links Die lebendige Energie, die die San-Künstler in ihren Bildern anstrebten, fanden sie in der Elenantilope, mit deren Hilfe die Schamanen in die spirituelle Welt gelangten. Untersuchungen ergaben, dass zuweilen Blut als Farbstoff verwendet wurde. Sie malten also vermutlich Tiere mit deren eigenem Blut – was dem Bild zusätzliche Kraft verlieh.

oben Die außergewöhnlich schöne Landschaft des uKhahlamba-Drakensberg-Park ist ein Paradies für Wildtiere, von denen viele anderswo vom Aussterben bedroht sind. In den Drakensbergen, die sich über 1000 Kilometer erstrecken und bis zu 3482 Meter hoch sind, findet man erstaunlich viele Felsenbilder, die uns vom Glauben der San erzählen.

Asien

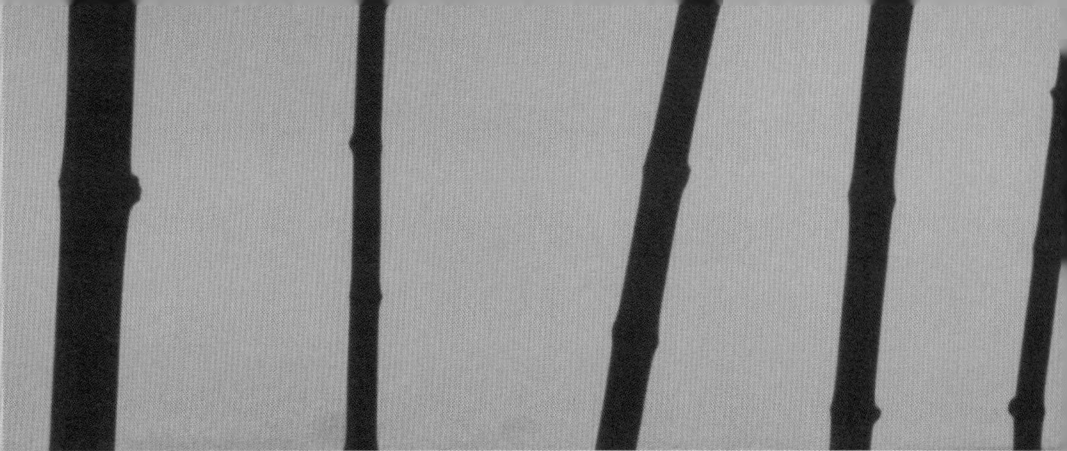

Die unermesslichen, Ehrfurcht gebietenden Gaben der Schöpfung nähren die Gedanken- und Seelenwelt der asiatischen Völker und spiegeln sich in der Art wider, heiligen Boden zu ehren. Vor über 3500 Jahren wurde in Nordindien der Hinduismus begründet, der sich bald bis nach Indonesien im Südosten ausbreitete. Der Buddhismus entwickelte sich Ende des 6., Anfang des 5. Jahrhunderts v. Chr. aus dem Hinduglauben und breitete sich bis Burma, Kambodscha und Indonesien, später auf China, Korea und Japan aus, wo er sich neben den heimischen Glaubensrichtungen Taoismus, Konfuzianismus und Shintoismus behauptete. In all diesen Ländern stehen Tempel, Pagoden, Stupas und Schreine der verschiedenen Religionen.

Der Ganges, Indiens heiliger Fluss, ist die Verkörperung der Göttin Ganga, Tochter des hinduistischen Berggottes Himalaya. Der Fluss legt vom Himalaya bis zur Bucht von Bengalen 2507 Kilometer zurück und nimmt unterwegs die heiligen Flüsse Yamuna und Brahma Putra auf. Seit Jahrhunderten wird das Wasser des Ganges für rituelle Waschungen und Übergangsrituale genutzt.

Auf dem so riesigen und bevölkerungsreichen Kontinent Asien existieren unterschiedliche Auffassungen darüber, was heilig ist. Diese Vielfalt zeigt sich in der Art, wie heilige Stätten gestaltet und genutzt werden. Alle großen Religionen haben hier Fuß gefasst. Viele gehen auf eine historische Figur zurück, andere sind überzeugt, dass ihr Glaube schon von Anbeginn der Zeit ausgeübt wurde. Jene, deren Ursprünge in Indien, China und Japan liegen – Zoroastrismus, Hinduismus, Jainismus, Buddhismus, Sikhismus, Taoismus und Shintoismus –, sehen das Göttliche in der gesamten Schöpfung. Die abrahamischen Religionen – Islam, Judentum und Christentum – verbieten Götzen und lassen nicht gelten, dass Dinge oder Orte von sich aus heilig seien.

Historisch betrachtet ermöglichten Handelsrouten die Verbreitung von Ideen, und Bettelmönche gelangten mit heiligen Schriften im Gepäck an weit abgelegene Orte. In Asien findet man zahllose opulent verzierte Gebetshäuser, von kunstvollen islamischen Moscheen über Jain-, Sikh- und Hindutempel mit wunderbaren Schnitzereien bis zu kosmisch gestalteten buddhistischen Tempeln und farbenfroh geschmückten Shinto-Torii und taoistischen Schreinen. In Usbekistan begegnet uns die wundersame heilige Geometrie, die über rein dekorative Zwecke weit hinausgeht. Im Islam strebt man nach der Einheit mit Allah, und während er Götzen verbietet, erkennt er doch die Kraft der visuellen Welt und ihre Fähigkeit, unsere Seele zu berühren. Und gemäß dem menschlichen Bedürfnis, sich zur Andacht an einen bestimmten Ort zu begeben, strebten kreative Gelehrte danach, die Unendlichkeit und Größe Allahs in sich nicht wiederholenden Mustern auszudrücken. Heilige Geometrie hört hinter der dekorativen Oberfläche nicht auf, sie ist ein mehrdimensionales Konzept, das die spirituelle Wirkung eines Gebäudes stärkt. Kuppeln etwa fungieren als Klangreflektoren, indem sie Töne in die Mitte zurücklenken. Dieselben Prinzipien gelten für den Grundriss und die architektonischen Proportionen: Sie laden unsere Gedanken ein, sich mit Strukturen, Zellen und Atomen – und somit mit dem Schöpfer – zu vereinen. Wir können nur über die ausgeklügelte heilige Geometrie staunen, die einst im Jam-Minarett in einem abgeschiedenen afghanischen Tal angewandt wurde. Zeit und Kriege haben die Stadt dem Erdboden gleichgemacht, aber Archäologen fanden Spuren heiliger Symbole mehrerer Glaubensgemeinschaften und versuchen, die Geschichte dieses faszinierenden Ortes aufzudecken.

Die Künstler, die die Jain-, Sikh- und buddhistischen Tempel ausschmückten, stellten vielerlei menschliche und göttliche Figuren dar – spielerisch, mystisch, erotisch oder erzählend. Sie verbinden die natürliche mit der übernatürlichen Welt und bestätigen die

Anwesenheit des Göttlichen in allem Irdischen. Am heiligen Fluss Ganges liegen viele Orte, die für Bäder, Feste, Wallfahrten und Übergangsrituale genutzt werden. Die Veden, die heilige Schrift der Hinduisten, betonen die Göttlichkeit der Schöpfung und die Tatsache, dass ihre Wunder unsere Vorstellungskraft übersteigen. Sie erzählen auch, dass auf der Erde zuerst das Wasser geschaffen wurde und alles andere davon abhängt. In der Tradition der Sikh sagt Guru Nanak, die Seelen dürsteten nach Gott wie Fische nach Wasser, während den Buddhisten Wasser als Symbol für göttlichen Segen gilt. In allen Religionen ist Wasser nicht nur für das bloße Überleben wichtig, sondern auch für unser spirituelles Wohlergehen. Wenn wir den großen Durst auf der ganzen Welt erkennen, sind wir gefordert, unseren Teil der Verantwortung zu übernehmen. Organisationen unterstützen inzwischen Glaubensgruppen in ihrem Kampf um das Recht, Ressourcen ihren religiösen Traditionen entsprechend zu nutzen. Viele Wallfahrten und Rituale sind weiterhin mit Wasser verbunden, was zeigt, dass der Glaube an die Zyklen des Lebens noch gewachsen ist.

Die Mythologie der Halong-Bucht in Vietnam ist durch die Lage am Meer bestimmt, und es scheint hier so viele Geschichten wie Inseln, Höhlen und Lebensformen zu geben. Auch wird Sri Lankas Berg Sri Pada als heilig verehrt. Er verkörpert die Entstehung des Glaubens im Lauf der Zeit und das Nebeneinander vieler Religionen an einem heiligen Ort. Dies sehen wir in Tempeln von Nepal bis Ostasien, wo über die Jahre die Grenzen zwischen den Glaubensgruppen verwischten und sich die Rituale nach und nach veränderten. Die Borobodur-Tempel auf Java etwa waren tief im Hinduismus verwurzelt und sind heute buddhistisch. Die nach kosmografischen Prinzipien gestaltete Tempelanlage lädt Pilger ein, einen symbolischen Bergtempel unter freiem Himmel zu erklimmen. Auf Gipfeln in China und Japan wurde schon vor Urzeiten gebetet. Tao bedeutet »Weg der Natur«, und 1995 erklärte der »taoistische Bericht über Ökologie«, dass der Taoismus Reichtum nach der Zahl der Spezies bemesse. In den taoistischen Tempeln des chinesischen Wudang-Gebirges und ebenso auf dem Fuji-san und in den Kii-Bergen, beide in Japan, finden wir Klöster und Schreine, die die Kräfte der Natur verehren. Die Gläubigen leben in Harmonie mit den Zyklen der Natur und nehmen sich von ihrem Angebot nur, was sie wirklich brauchen. Steinen, Wasser und Pflanzen werden besondere – symbolische – Kräfte zugeschrieben. Die wichtigste Lektion, die wir von diesen uralten Religionen lernen können, ist zugleich die einfachste: Wir sollten die Schöpfung ehren, indem wir die Freundschaft mit ihr pflegen.

von links nach rechts Jain-Tempel, Ranakpur, Indien; Ayutthaya, Thailand; Halong, Bucht des untertauchenden Drachens, Vietnam; Borobudur, Java.

Buchara

Provinz Buchara, Usbekistan

Unter der mittelalterlichen Stadtanlage, die wir heute sehen, liegen die Überreste von Bauten, die schon im 3. Jahrhundert v. Chr. errichtet wurden. Diese Zeugnisse erzählen uns von uralten Kulturen. Ursprünglich wurde in Buchara, usbekisch *Buxoro*, die Wassergottheit Anahita, die für Fruchtbarkeit, Weisheit und Heilkunst steht, verehrt. Einmal während des Mondzyklus warfen ihre Anhänger ihre Götzenbilder weg und kauften neue – in einem Tempelritus, aus dem sich der kommerzielle Handel entwickeln sollte, was durch die Lage der Stadt an einer Handelsroute begünstigt wurde.

Buchara liegt an der Seidenstraße, und die Händler und Reisenden aus China, Persien und Indien brachten auch ihre Religionen mit – Zoroastrismus, Buddhismus, Manichäismus und Christentum. Der Name der Stadt ist vielleicht von *vihara* (Sanskrit für Kloster) oder aber von *bukhar*, einer zoroastrischen Quelle des Wissens, abgeleitet. Vielleicht kommt die Bezeichnung aber auch von Baha-ud-Din Naqshband Bukhari, einem Mystiker des 14. Jahrhunderts, der auch dem Naqshbandi-Sufismus den Namen gab. Außer dass er fast sein ganzes Leben in Buchara verbrachte, wissen wir von diesem großen Gelehrten und hochverehrten heiligen Mann kaum etwas, weil er seinen Anhängern verbot, seine Lebensgeschichte aufzuschreiben, da es sie von spirituellen Fragen abhalten würde.

In Buchara entstanden auch andere spirituelle Schätze. Meister der Kalligrafie, Poesie und Miniaturmalerei (die nach der Verwendung von *minium* – Mennige, Zinnober – benannt ist) drückten mit ihren Kunstwerken ihren eigenen Glauben aus und stärkten damit den Glauben der anderen – sie gebrauchten ihre von Gott verliehenen Talente somit zu heiligen Zwecken. Kurz, es war ein kultureller Schmelztiegel, und heutige Besucher bestaunen eine reiche Mixtur aus islamischen Bauten, Wasserbecken und uralten Bäumen und können farbenfrohe Gewürz- und Seiden-Basare und -Feste besuchen.

links Die um 1515 fertiggestellte Kalon-Moschee krönt eine glasierte türkisfarbene Kuppel, die Kacheln sind mit geometrischen Mustern und Kalligrafien verziert. In Buchara existieren mehrere Religionen nebeneinander, in der islamischen Welt gilt die Stadt jedoch als »edle und glorreiche Hochburg des Glaubens«, und solch prächtige Architektur untermauert diesen Status.

oben Von den Minaretten ruft der Muezzin die Gemeinde zum Gebet (in anderen Religionen läuten zum selben Zweck die Glocken in den Kirchtürmen). Durch ihre Höhe und ihre elegant verzierte äußere Form fungieren Minarette gleichsam als Vermittler zwischen dem Himmel und der Erde.

links Kalif Niazkul ließ 1807 die Char-Minar-Medrese bauen. Der Eingang führt auch in eine Moschee und einen heiligen Garten. In ihrer Blütezeit gab es in der Stadt Buchara 60 Medresen (Schulen). Gelehrt wurden Theologie, Rechtsphilosophie, Logik, Poesie und Musik. Buchara war somit nicht nur eine Oase des Wassers, sondern auch der Weisheit.

rechts Das Samaniden-Mausoleum wurde zwischen 892 und 943 für Ismail Samani, Begründer der Samaniden-Dynastie, errichtet – in einer Mischung aus einheimischer Tradition und islamischer Innovation. Die Fassade sieht wie Flechtwerk aus, besteht aber aus Lehm, der in wunderbar dauerhafte Backsteine gebrannt wurde. Das Mausoleum steht auf heiligem Grund auf einem ehemaligen Friedhof.

Samarkand Usbekistan

»Samara Khanda«, der Sanskrit-Name Samarkands, bedeutet »Kriegsregion«. Wiederholt griffen Herrscher wie Alexander der Große oder Dschingis Khan die Stadt – mit über 2500 Jahren eine der ältesten Städte der Welt – an, sie wurde aber immer wieder neu aufgebaut. Samarkand lag an der asiatischen Seidenstraße, die China mit dem Westen verband. Ein chinesischer Besucher, der buddhistische Pilger Hsuan-tsang, beschrieb die Stadt im 7. Jahrhundert als Ort großer Schätze aus fernen Ländern, kräftiger Pferde und talentierter Handwerker.

Die Wissenschaftler, Künstler, Bauherren und andere kreative Köpfe profitierten von der ersten Papierfabrik in der islamischen Welt, die 751 in Samarkand gegründet wurde, nachdem zwei chinesische Gefangene die Geheimnisse der Papierherstellung kundgetan hatten. Dies war freilich für die Verbreitung und Anhäufung von Wissen und heiligen Schriften von großer Bedeutung, und das Know-how gelangte von hier in die restliche islamische Welt. Im 14. und 15. Jahrhundert florierte die Stadt unter Amir Timur (Tamerlan), der Samarkand zur Hauptstadt seines expandierenden Reichs machte. Um den Status der Stadt zu unterstreichen, ließ er von nah und fern Steinmetze, Mosaikkünstler, Glasbläser und Töpfer kommen und hier arbeiten. Unter seiner Leitung wurden Bauwerke errichtet und Gärten angelegt. Die Stadt wurde zum Zentrum für den Gedankenaustausch zwischen Persien und Indien bezüglich Gartengestaltung.

Timurs Enkel, Ulugh Beg, ließ ein gigantisches astronomisches Observatorium bauen. Seine Entdeckungen hatten für seine Glaubensbrüder einen hohen religiösen Stellenwert. Der Koran betont die Bedeutung der Beziehung zwischen Himmel und Erde, und himmlische Zyklen wurden zur Berechnung des islamischen Kalenders, von Fasten- und Gebetszeiten herangezogen. Ulugh Beg verzeichnete über 1000 Sterne und bestimmte ihre Lage – sicherlich auf Papier, das vor Ort hergestellt worden war. Die Überreste seines Observatoriums wie auch seine Entdeckungen sind noch zu sehen.

links Am Registan-Platz stehen drei Schulen (Medresen), an denen junge Männer unterrichtet wurden. Sie mussten sich bücken, um durch die niedrigen Türen in die Zellen zu gelangen – eine Erinnerung daran, dass »Islam« »Unterwerfung« bedeutet. Gelehrt wurden u. a. Mathematik, Astronomie, Rechtswissenschaften und Theologie – alle Fächer wurden im Geist des Korans gelehrt. Auf dem Platz fanden auch Volksfeste und Basare statt.

oben Ulugh Beg baute eines der ersten astronomischen Observatorien. Auf diesem Bild sieht man den unterirdischen Teil des großen Marmorsechsecks. Das dreistöckige Bauwerk diente als Zentrum für die Wissenschaftler, die Ulugh Beg nach Samarkand holte – bis er 1449 ermordet wurde. Seinen richtungsweisenden Forschungen zu Ehren wurde ein Mondkrater nach ihm benannt.

oben Das Gur-e Amir-Mausoleum hat eine gerippte Kuppel von 15 Metern Durchmesser, umgeben von Inschriften und Mustern. Der Name bedeutet »Grab des Königs« – hier ruhen Timur, seine Söhne und sein Enkel Ulugh Beg, der Astronomie-König. Ulugh Beg ließ über Timurs Grab als Zeichen des Respekts einen riesigen Jadeblock aufstellen – Jade gilt als Stein des kristallisierten Mondlichts und der Könige.

rechts Die majestätische, 1399–1404 erbaute Bibi-Khanym-Moschee ist eine der größten der Welt, und ihre Schönheit führte sogar zu Vergleichen mit der Milchstraße. Aufgrund übertrieben ehrgeiziger Planer und in Folge von Erdbeben wurde sie instabil und musste wiederholt restauriert werden. Die Kalligrafien am unteren Teil der Kuppel gehen nach oben hin in Muster über – als würden sich die Gebete in den Himmel aufschwingen.

unten Die türkisfarbene Inschrift hebt sich deutlich vom erdbraunen Backstein ab. Die exquisiten Kalligrafien und Gitterwerke überdauerten bereits 900 Jahre, was für das profunde Wissen der Erbauer über Materialien und ihre ausdauernde Hingabe an ihren Glauben spricht. Einheimische Dorfbewohner fanden antike Artefakte, die verschiedenen Religionen zugeordnet wurden – die meisten wurden aber verkauft.

Minarett von Jam Afghanistan

Afghanistan ist das Ursprungsland des Lapislazuli, des blauen metamorphen Steins, der den bezaubernd geheimnisvollen Farbstoff Ultramarin liefert. Diese Farbe verwendeten Künstler für die Darstellung des Himmels und für die Roben himmlischer Gestalten – in der westlichen christlichen Sakralkunst für die Jungfrau Maria.

Das 63 Meter hohe Minarett von Jam am Zusammenfluss von Hari Rud und Jam Rud wurde im 12. Jahrhundert errichtet. Früher lag hier vermutlich die Sommerresidenz der muslimischen Ghuriden-Dynastie, Firuzkuh, innerhalb der sagenumwobenen Stadt, die im 13. Jahrhundert zerstört wurde. Das Minarett stand

ursprünglich nicht allein, sondern war der Freitagsmoschee angegliedert, die aber von einer Sturzflut hinweggespült worden war. Es gibt Spuren weiterer Gebäude, die jedoch von mehreren Sedimentschichten bedeckt sind.

Die Dekorationen des Minaretts zeugen von der künstlerischen Tradition in der Region. Die wunderbaren Kunstwerke kommen vor dem Hintergrund der zerklüfteten, öden und kahlen Berge besonders gut zur Geltung. Der hoch aufragende, graziöse Turm ist mit sich wiederholenden filigranen Mustern verziert und von einer Laterne bekrönt – der Begriff »Minarett« entwickelte sich aus dem arabischen Wort *manara* , »ein Ding, das Licht gibt«. Koranische Inschriften wurden in den Putz der Fassade gearbeitet und mit Zitaten aus dem Surat Maryam (Erzählungen über die Jungfrau Maria) aus türkisfarbener Keramik verziert.

oben Archäologen erforschen noch immer die Stätte. Das schlanke Minarett wurde inzwischen stabilisiert. Der frei stehende Turm befand sich an der Seidenstraße des 12. Jahrhunderts und wurde somit sicherlich von Tausenden von Menschen aus fernen Ländern gesehen. Archäologische Funde weisen darauf hin, dass sich hier Anhänger des jüdischen, des zoroastrischen, des hinduistischen und des buddhistischen Glaubens aufhielten – trotz des rauen Terrains und des unfreudlichen Klimas.

Jain-Tempel Ranakpur, Indien

Der Jain-Tempel in Ranakpur steht in einem malerischen Tal zwischen Jodhpur und Udaipur in Westindien. Die Schönheit des im 14. und 15. Jahrhundert erbauten Tempels verschlägt einem den Atem. Eine geheimnisvolle Aura umgibt die ungewöhnliche Architektur und die Steinmetzarbeiten – Licht schimmert durch den weißen Marmor, wodurch wundersame Licht- und Schattenspiele entstehen. Sowohl der Innenraum als auch die Fassaden sind ein außergewöhnliches visuelles Erlebnis. Jedes Detail ist einzigartig – Musikanten, Tänzer und organische Formen verbinden sich zu einem hinreißenden Gesamtbild.

Von der Grundfläche des Tempels, etwa 60 mal 62 Meter, erhebt sich ein Wald aus 1444 Marmorsäulen, die Kuppeln und Türmchen tragen. Das Gebäude, das zu Ehren der Eroberung der vier Himmelsrichtungen durch die Tirthankaras errichtet wurde, empfängt von allen Seiten Besucher. Tirthankaras sind Geistwesen, die das Wasser zwischen dieser Welt und dem Reich spiritueller Vollkommenheit durchdringen. Dharna Shah bat den Herrscher Rana Kumbha um Erlaubnis, hier zu bauen, nachdem er im Traum ein himmlisches Fahrzeug gesehen hatte. Der König stimmte unter der Bedingung zu, der Platz sollte seinen Namen tragen – daher Rankapur. 50 Jahre lang planten, bauten und polierten hier die Bauherren und Handwerker, ehe der Tempel Adinath geweiht werden konnte.

Der als Stier dargestellte Adinath, der erste Tirthankara, brachte der Menschheit den Jainismus, eine philosophische Religion, die wohl auf das 6. Jahrhundert v. Chr. zurückgeht und besagt, dass der Zweck dieses Lebens darin bestehe, die körperliche Gestalt abzustreifen und der Seele Freiheit zu gewähren. Sie lehrt Ahimsa, Gewaltlosigkeit in Gedanken und Taten gegenüber allen Lebewesen.

links Jede der 1444 Säulen des Adinath-Tempelkomplexes ist einzigartig. Durch die Säulenreihen schimmert das Licht, das im Tagesverlauf von warm zu kalt wechselt. Die Farben der Kleidung des Jain spiegeln sich im schimmernden Marmor. Dies illustriert die Vorstellung, dass alles miteinander in Verbindung steht und nach Harmonie strebt.

unten Der opulente Jain-Tempel steht in herrlicher Landschaft. An diesem nach wie vor genutzten Ort der Andacht müssen Besucher – entsprechend der strikten Ablehnung der Jain von jedweder Gewalt, auch gegen Tiere – die Schuhe ausziehen und Waren aus Leder ablegen. In der Nähe steht der als Himmelskutsche für den Sonnengott gestaltete Sonnentempel.

oben und links Man sagt, die Schönheit dieses Bauwerks sei mit Worten nicht zu beschreiben. Die Abfolge von Schreinen und Fluren lädt dazu ein, durch die Anlage zu wandern, die detailreichen Steinmetzarbeiten jedoch zwingen einen, stehen zu bleiben und sie näher zu betrachten. Dies bedeutet nicht unbedingt einen Widerspruch, sondern erinnert daran, dass Teil und Ganzes immer miteinander verflochten sind.

rechts Eine Inschrift zitiert den Bauherrn Depaka mit den Worten, hier wolle er einen majestätischen Tempel errichten. Depaka war mit einem erstaunlich ästhetischen Talent gesegnet und schuf eine visuelle Einheit, die alle Räume durchzieht und die komplex detaillierten Elemente zu einem stimmigen Ganzen machen.

Der heilige Fluss Ganges

Nördliche Provinzen, Indien

Dieser Strom vekörpert die Göttin Ganga, die aus dem *kamandula*, dem Wassergefäß des Schöpfergottes Brahma, geboren wurde. Shiva fing sie mit seinen Haaren auf, von denen sie fortan als heiligster Fluss des Hinduismus herabrann. Hoch im Himalaya begibt sich Schmelzwasser aus einer Höhle unter dem Gangotri-Gletscher auf die 2506 Kilometer lange Reise nach Bangladesch und zum Golf von Bengalen. Ehe der Fluss das Meer erreicht, vollbringt er für mehr als 350 Millionen Menschen unzählige Wunder. Außer dass er das Land bewässert und Güter transportiert, heilt und reinigt er auch die Lebenden und die Toten. Das Bad im Ganges wäscht die Seele von Sünden rein, und wenn die Hinterbliebenen die Asche der Toten ins Wasser streuen, kommen deren Seelen schneller in den Himmel. Dem, der im Augenblick des Todes vom Wasser des Ganges trinkt oder gar an seinem Ufer stirbt, ist spirituelle Reinheit sicher.

Bestimmte, besonders heilige Orte am Fluss wurden zu Pilgerstätten. In Prayag etwa fließen der heilige Fluss Yamuna und der für menschliche Augen nicht sichtbare Sarasvati in den Ganges. Dies soll der Platz von Brahmas erstem Opfer gewesen sein, das er brachte, um die Schöpfung der Welt zu feiern. Dieser Platz ist – neben Haridwar, Ujjain und Nashik – eine der zyklischen Stätten des Kumbh-Mela-Festes, die alle mit Amrit, dem Nektar der Unsterblichkeit, benetzt waren. Alle Hindus wollen mindestens einmal im Leben zum Ganges pilgern und darin baden. Jenen, die zu schwach für die Reise sind, wird der Fluss in einem *kamandula* gebracht.

oben Das alle zwölf Jahre abwechselnd an verschiedenen Orten (hier sieht man Haridwar) stattfindende Kumbh Mela ist das größte religiöse Fest der Welt. Es heißt, Vishnu, der Bewahrer des Universums, ehrte die Götter hier mit *darshan*, dem Blick eines heiligen Mannes oder einer heiligen Frau, der großen Segen verspricht. Menschen kommen von weither, um diesen Segen zu erbitten.

oben *Ganga Ma*, die »Mutter Ganges«, bringt Leben. Der Ganges ist auch der physische Ort, an dem das Leben Hand in Hand mit dem Tod und der Transzendenz geht. Zur Ehrung der Toten werden Laternen entzündet. Nachts bekommt der Fluss eine ganz andere, geheimnisvolle Atmosphäre, und viele Hindufeste finden zu bestimmten Mondphasen statt.

oben An diesem Shiva-Denkmal in Varanasi versammeln sich die Gläubigen auf den Plattformen *(ghats)*, um die Sonne aufgehen zu sehen. In Varanasi gibt es mehr als 100 *ghats*, die jeweils ihren eigenen religiösen Schwerpunkt haben. Sie dienen im Glauben der Hindus als *tirthas*, spirituelle Übertrittsorte, an denen der Himmel sich auf die Erde senkt.

oben Die antike, von Shiva gegründete Stadt Varanasi – auch Benares oder Ewige Stadt genannt – am Ufer des Ganges wurde irgendwann vor 3000 bis 5000 Jahren besiedelt. An diesem Pilgerort mit großen spirituellen Kräften werden viele Feste begangen – mit rituellen Bädern, Musik, Feuern und Weihrauch.

Goldener Tempel Amritsar, Punjab, Indien

In Punjab in Nordwestindien liegt Amritsar, »See des Nektars der Unsterblichkeit«, der den Goldenen Tempel (Harimandir Sahib) umgibt. Der Ort entstand an einem heiligen Wasserbecken, an dem Asketen, Priester und Philosophen, darunter auch Buddha, meditierten. Später lebte hier Guru Nanak (1469–1539), der aus den Kräften dieses Platzes eigene Stärke zog. Guru Nanak, der an die Gleichheit aller Menschen glaubte, ungeachtet Kaste, Geschlecht oder Religion, begründete den Sikhismus. An dieser heiligen Stätte entstand ein Schrein, den Nanaks Anhänger aufsuchten – trotz dessen Auffassung, dass Andacht in jedem Menschen selbst stattfinden und nicht an einen Platz gebunden sein sollte.

Im Lauf der Zeit wuchs das Wasserbecken zu einem See an, und auch der Tempelkomplex wurde immer größer: Der Goldene Tempel selbst steht auf einer Plattform über dem Wasser. Hier vermischen sich – sowohl in der Architektur als auch in den Schriften – die Vorstellungen des Hinduismus und des Islam. Zu den täglichen Ritualen gehören heilige Musik und Lesungen der heiligen Texte aus dem Guru Granth Sahib. Jeder Besucher ist hier willkommen, und Türen an allen vier Seiten des Gebäudes gewähren bis nach Sonnenuntergang Einlass.

Tag für Tag werden 40 000 Besucher auf Kosten des Tempels verköstigt, und es gibt auch eine kostenlose Herberge. Überall hört man Lieder, die ganze Tempelanlage ist ein Ort der Harmonie und nicht nur für Sikhs ein Platz intensiver spiritueller Erfahrung. Noch immer nährt die heilige Quelle den See, dessen Kräfte durch die Spiegelungen an der Wasseroberfläche verstärkt werden.

oben Am heiligen Wasser rund um den Goldenen Tempel werden Kerzen angezündet, um Guru Nanaks Geburt zu feiern. Die Gläubigen gehen im Uhrzeigersinn um das Gebäude herum, ehe sie eintreten, um den Lesungen aus dem Guru Granth Sahib zu lauschen. Das von den zehn Gurus des Sikhismus verfasste Buch mit heiligen Gedichten und Hymnen beruht auf islamischen und hinduistischen Glaubenssätzen.

rechts Die schimmernde, sich im Wasser spiegelnde Pracht des Goldenen Tempels beschwört eine zauberhafte, geheimnisvolle Atmosphäre herauf. In der Ausschmückung der ganzen Anlage sind islamische und hinduistische Einflüsse zu erkennen. Geometrische Muster beziehen sich auf die teleologische Ansicht, dass der Schöpfer das Universum bis ins letzte Detail geordnet habe.

links Den Grundstein für den Tempel legte im Jahr 1588 der Sufi-Heilige Mian Mir auf Einladung von Guru Arjan. Das Ereignis wurde mit überschwänglichen Gottesdiensten und der Verteilung von Süßigkeiten gefeiert. Damit wurde symbolisch auch der Grundstein für die herzliche Gastfreundschaft dieser Gemeinde gelegt. Wenn die Pilger den See des Nektars der Unsterblichkeit überqueren, haben sie teil an dieser die Religionen vereinenden Tradition.

rechts Alle Besucher des Goldenen Tempels werden zu einer gemeinsamen Mahlzeit eingeladen, ehe sie wieder gehen. Das Essen wird von freiwilligen Helfern zubereitet und vom Tempel finanziert. Diese Einladung ist Teil der wunderbaren Gastfreundschaft, die hier alle erfahren, ungeachtet ihres Status, ihrer ethnischen Zugehörigkeit oder Religion. Die Küche ist immer geöffnet.

Sri Pada

Ratnapura, Provinz Sabaramauwa, Sri Lanka

Dieser große, tränenförmige Berg, auch als Adam's Peak bekannt, erhebt sich 2243 Meter über den Regenwald. Aufgrund seiner Größe und Form ist er sehr auffällig. Der Berg hat neben Gewürzbäumen und Edelsteinminen auch übernatürliche Schätze zu bieten.

Für die einheimischen Veddas, direkte Nachfahren der jungsteinzeitlichen Ureinwohner, ist der Sri Pada der Sitz der Schutzgeister der Insel. Als hier der Hinduismus eingeführt wurde, hielt man den Berg für den Ort, an dem Shiva mit seinem Schöpfungstanz die Welt schuf und in einem Stein seinen gigantischen Fußabdruck hinterließ. Andere schreiben diesen Abdruck Buddha zu. Der echte Fußabdruck soll sich in einem Saphir unter dem Stein befinden, den die Pilger heute verehren. Nach abrahamischer Tradition handelt es sich um den Fußabdruck Adams, den er hinterließ, als Gott ihm – als weitere Strafe nach der Vertreibung aus dem Paradies – befahl, auf einem Bein zu stehen. Dies war sein erster Schritt vom Himmel auf die Erde. Manche Christen glauben wiederum, der Abdruck stamme vom heiligen Thomas, der hier das Christentum verkündete. Auf jeden Fall ist dies ein heiliger Ort, den sich die Religionen friedlich teilen.

Entsprechend der unterschiedlichen Geschichten über den Fußabdruck hat der Berg auch verschiedene Namen. Samanalakanda heißt »Wohnsitz des Gottes Saman«, könnte sich aber auch auf die Tatsache beziehen, dass hier zuweilen unzählige *samanalay* (Schmetterlinge) umherflattern. Sri Pada heißt einfach »Fußabdruck«, während die Bezeichnungen Ratnapura und Ratnagiri auf die hier gefundenen Edelsteine verweisen. Wie auch immer man den Berg nennt – der wahre Wert einer heiligen Stätte liegt darin, was sie für die Menschen bedeutet, die sie nutzen. In der Hauptsaison steigen an einem Wochenende etwa 20 000 Menschen die Tausende von Stufen hinauf – und hinterlassen ihre eigenen Fußabdrücke.

links Der Sri Pada diente schon in der Antike als Orientierungshilfe für die Handelsschiffe, die hier mit Gewürzen, Elfenbein und Edelsteinen beluden wurden. Heute verehren Pilger den – von wem auch immer geschaffenen – Fußabdruck auf dem Gipfel. Die üppige Flora und Fauna trägt zur mysteriösen Aura dieses Landstrichs bei.

ganz links Unzählige Pilger erklimmen Jahr für Jahr die unglaublich steilen 5200 Stufen zum Gipfel des Sri Pada. Für den Auf- und Abstieg braucht man jeweils mehrere Stunden. Weil man hier zu bestimmten Zeiten zahllose Schmetterlinge sieht, heißt der Sri Pada auch Schmetterlingsberg.

links Der von japanischen Buddhisten errichtete Cetiya am Fuß des Berges bietet den Pilgern die Möglichkeit, Kraft zu sammeln für den anstrengenden Aufstieg. Da schlechtes Wetter die Stufen gefährlich macht, kann man nur zwischen Dezember und Mai hinaufsteigen.

oben Der Vollmond wird in Sri Lanka mit einem Feiertag begangen. Erklimmt man den Berg bei Nacht, steigt man gleichsam zu den Sternen empor und kann dann auf dem Gipfel den Sonnenaufgang genießen. Tagsüber wirft der Berg einen spektakulären dreieckigen Schatten.

Kathmandu-Tal

Nepal

Der Binnenstaat Nepal zwischen Indien und der tibetischen Hochebene hat vielfältige Landschaften. Das Kathmandu-Tal erstreckt sich auf 1350 Metern Höhe über dem Meeresspiegel über 350 Quadratkilometer. Die buddhistische Schrift Swayambhu Purana erzählt von der Entstehung des Tals aus einem früheren See, den die erleuchtete Gestalt Manjusri entwässerte. Manjusri schuf eine Schlucht im Berg, durch die er das Wasser ableitete, wodurch das Land bewohnbar wurde. Da das Tal am Scheideweg mehrerer Zivilisationen lag, herrscht eine kulturelle Vielfalt vor, und Hinduismus und Buddhismus verschmelzen miteinander. Man sagt, hier finde zu jeder Zeit irgendeine Festivität statt, um religiöse, mythologische oder jahreszeitliche Ereignisse zu feiern.

Doch die Zeit und die Nutzung durch den Menschen haben dem Fluss Bagnati Schäden zugefügt. Der heilige Fluss entspringt in Bagdwar – es heißt, vom Lachen Shivas – und mündet schließlich in den Ganges. Einst galt er als heilige Lebensader und führte heilendes, die Seele reinigendes Wasser, in dem die Menschen badeten und ihre Verstorbenen auf die Reise in den Himmel schickten. Doch inzwischen führt der Fluss kaum noch Wasser, und das ist so verschmutzt, dass es nichts Heiliges mehr zu haben scheint. Es gibt Projekte, den Bagnati zu reinigen und wieder aufzufüllen – es ist dem Glauben der Menschen zu verdanken, dass die ersten Schritte dazu inzwischen getan wurden.

Die anderen Pilgerstätten im Tal sind lebhafte und viel besuchte Orte der Gottesverehrung. Die Newar, Nepals Ureinwohner, bauten viele Tempel, *chaityas* und Stupas. Diese hochtalentierten Handwerker schufen einen wahren Reichtum an Architektur, Schnitzereien und Metallarbeiten. Ihre Kunst, ihre Musik und ihre Tänze, ihre Gebetsfahnen, Trachten und ihre lebensfrohe Energie widmen sie noch immer ganz der Gottesverehrung.

links Das Dorf Nagarkot, berühmt für seine spektakulären Sonnenaufgänge über dem Himalaya, bietet eine herrliche Sicht über das Kathmandu-Tal. Von diesem ursprünglich Mahamandap genannten Ort aus sah Manjusri den heiligen See, den er entwässerte, um Manjupatan, das Kathmandu-Tal, zu schaffen. Das fruchtbare Land eignet sich hervorragend für den Getreideanbau – hier sehen wir terrassenförmig angelegte Felder.

oben Bodnath oder Bouddhanath ist einer der ältesten Stupas (Grabhügel) in Kathmandu. Das entsprechend der heiligen Geometrie eines Mandalas angelegte Bauwerk enthält die Relikte eines Weisen, den sowohl Hinduisten als auch Buddhisten verehren. Die Augen Buddhas am Turm symbolisieren Bewusstheit. In der Stadt gibt es zahlreiche weitere Stupas, Tempel und Königspaläste zu sehen.

oben Die Gebetsmühlen im Swayambhunath-Stupa in Kathmandu enthalten die Texte von Gebeten oder Mantras. Sie werden bei Tänzen verwendet. Dreht man an der Mühle, setzt man das Gebet frei – ähnlich dem Flattern einer Gebetsfahne, deren symbolische Farben die Götter ansprechen sollen. Nach der Tradition schaffen Gebetsfahnen Frieden, Mitgefühl und Weisheit.

oben Vom Pashupatinath-Tempel führen Stufen zum heiligen Fluss Bagmati hinab. Der im 5. oder 6. Jahrhundert errichtete Tempel steht auf heiligem, schon lange vorher geweihtem Grund. Er ist wie eine Pagode gestaltet – eine Architekturform, die in Nepal ihre Ursprünge hat. »Pashupatinath« ist ein anderer Name für Shiva, dem dieser Tempel geweiht ist.

Vihara-Ruinen

Paharpur, Distrikt Naogaon, Bangladesch

Im Nordwesten von Bangladesch liegt die abgeschiedene Ruinenstätte Paharpur mit dem Somapura Mahavira Vihara. *Somapura mahavira* bedeutet »Großer Tempel«, und ein *vihara* war ursprünglich eine Herberge für Bettelmönche, die hier bei schlechtem Wetter Unterkunft fanden. Den Namen *Paharpur*, »Kleiner Hügel«, bekam die Stätte, als Vegetation das aufgelöste Kloster überwucherte und die Anlage bald einem Hügel in der Landschaft glich. Aus einer einfachen Unterkunft hatte sich ein großer Tempel entwickelt, der in der Landschaft unterging, ehe er schließlich wieder entdeckt und freigelegt wurde. Heute befindet sich die Stätte irgendwo zwischen diesen Stadien: ein begrüntes Monument des Mahayana-Buddhismus, das sich graziös in der Landschaft erhebt.

Ab dem 7. Jahrhundert diente dieser Platz mindestens 500 Jahre lang als religiös-intellektuelles Zentrum. Das Kloster war das größte südlich des Himalaya. Der Tempel war pyramidenförmig, etwa 21 Meter hoch, hatte einen kreuzförmigen Grundriss, und darum herum befanden sich 177 Mönchszellen. Das ganze Bauwerk war mit Terrakottatafeln verziert, die Gottheiten, Musikanten, Schlangenbeschwörer und Fabeltiere zeigten.

Der Mahayana-Buddhismus (*mahayana* heißt auf Sanskrit »Großes Fahrzeug«) entstand in Folge der anwachsenden Zahl von Laien-Buddhisten, die nicht ihr ganzes Leben den strengen buddhistischen Regeln unterwerfen konnten. Stattdessen führte man die Bodhisattvas ein, die ihre eigene Erleuchtung hinausschoben, um andere auf dem Weg zur Erlösung zu unterstützen. Der Pantheon umfasste schließlich Buddhas, Bodhisattvas, Götter und Schutzgeister.

Die Ruhe des heutigen Paharpur lässt die Belebtheit von einst kaum mehr ahnen, als hier ein wichtiger Handelsweg zwischen Indien und Südostasien verlief. Im Gegensatz zu vielen anderen heiligen Stätten findet man hier die für wahre Kontemplation so wichtige Einsamkeit.

rechts Die Zellen rund um den Tempel von Paharpur bildeten die Kulisse für das geordnete Leben der buddhistischen Mönche. Später kamen Hinduisten und Jainisten hierher. Heute kann man zwischen den geometrischen Mauerresten wie in einem Labyrinth oder Mandala wandern und dabei meditieren – wenn sie einst auch nicht zu diesem Zweck angelegt wurden.

oben Man kann sich leicht vorstellen, dass der Tempel, als er ganz von Pflanzen überwuchert war, einem Hügel glich. In ihrer Blütezeit aber war diese Stätte ein belebtes Stadtkloster und ein Zentrum für intellektuelle Studien und Rituale. Heute wirkt der Ort nüchtern, schlicht und klar – anders als betriebsamere heilige Stätten mit ihren vielen visuellen Reizen.

rechts Terrakottatafeln schmückten die Wände des Tempels. Auch wenn sie künstlerisch nicht gerade höchsten Ansprüchen genügen können, sind die Reliefs doch ausdrucksstark und originell. Spuren roter und weißer Farbe weisen darauf hin, dass die Bilder einst bunt bemalt waren. Viele hier gefundene Objekte werden im Paharpur-Museum aufbewahrt, darunter Säulen, Metallbilder, Münzen und Inschriften.

oben Der Tempel aus vor Ort angefertigten Backsteinen ist heute von Gras bewachsen. Die Mönchszellen, Stupas, Kapellen, Altäre, Brunnen und Kanäle um den Tempel waren alle reich dekoriert. Die Konstruktion dieser gigantischen Anlage muss ein gewaltiges Projekt gewesen sein. Was sich oben auf dem Tempel befand, ist nicht bekannt – vielleicht ein Schrein oder ein Denkmal.

Ayutthaya

Provinz Ayutthaya, Thailand

Das 1350 von König Rama Thibodi I. gegründete Ayutthaya (auch Ayudhaya) entwickelte sich zu einer der wohlhabendsten Städte Asiens und löste Sukhothai als Hauptstadt Siams (Thailands) ab – diesen Status hatte es über 400 Jahre lang inne. Der Name der Stadt stammt vom Sanskrit-Wort *ayodhya*, »unbesiegbar«. Viele der weit verstreuten Ruinen stehen auf der Insel Koh Muang am Zusammenfluss von Chao Phraya, Pa Sak und Lopburi, die ein kreisförmiger Kanal miteinander verbindet. Durch diese Lage war die Stadt leicht zu verteidigen, und aufgrund der Nähe zur Chao-Phraya-Mündung entstand ein reger Handel – und in dessen Folge großer Wohlstand.

In der buddhistischen Tradition galt der König als Gott und war zugleich Schutzpatron der Künste – was sich in den Klöstern, Skulpturen und *prang* (Tempeltürmen) niederschlug. Buddhistische Künstler verwenden seit Langem eine visuelle Sprache, um spirituelle Kräfte darzustellen. An den *prang* in Ayutthaya ist der Einfluss der Khmer zu erkennen: sanfte Bogen, die zu einem Punkt hin auslaufen. Viele Buddhas repräsentieren dagegen mit ihren *ushnishas* (Erhebungen auf den Häuptern) den älteren Sukhothai-Stil. Ihre graziöse Physiognomie und die langen Ohrläppchen symbolisieren Weisheit und Erleuchtung. Die Augen sind als Zeichen für Meditation halb geschlossen und die bogenförmigen Brauen bilden eine Linie mit der Nase. Ihre elegante Anatomie ist recht minimalistisch dargestellt.

Im Jahr 1767 legte die burmesische Armee die Stadt in Schutt und Asche. Viele der herrlichen Kunstschätze wurden Opfer der Flammen – was jedoch die Brände überstand, bezeugt noch heute einen unbesiegbaren Willen.

links Bäume spielten bei der Geburt, im Leben und im Sterben Buddhas eine wichtige Rolle und symbolisieren *parinirvana* (Erleuchtung). Die halb geöffneten Augen stehen für Meditation, das sanfte Lächeln deutet auf die Erkenntnis der Wahrheit hin. Die liegende Position stellt Buddhas Entlassung aus dem Zyklus der Wiedergeburten im Alter von 81 Jahren dar.

oben Jeder der Buddhas im 1357 errichteten Wat-Yai-Chai-Mongkol-Kloster hat ein anderes Antlitz. Sie sitzen in der Position »Berührung der Erde«, die den Augenblick meint, in dem Buddha die Erde als Zeugin für seinen Glauben anrief und angesichts großer Versuchung Entschlossenheit bewies – dadurch gelangte er an sein Ziel: die Erleuchtung.

links In dem 1491 errichteten Wat-Phra-Sri-Sanphet-Tempel stand einst eine 16 Meter hohe vergoldete Buddhastatue. Diese war der Mittelpunkt der Gottesanbetung im Gebetsraum (*virana*), bis die burmesische Armee sie zerstörte. Doch die *prang* wurden restauriert, und ihre anmutigen Formen verleihen der Stätte eine geradezu überirdisch wirkende Schönheit.

rechts Hier stellten die Künstler des 15. Jahrhunderts Buddha in seiner »Meditationsposition« dar. Auf anatomische Details legten sie keinen Wert, die Buddhas sind minimalistisch und schlicht ausgestaltet. Doch einige der 32 *lakshana,* der Hauptmerkmale des Buddha, sind aufgenommen: flache Füße ohne Wölbung (Plattfüße), die aufrechte Körperhaltung und die *ushnisha* (knotenartige Erhöhung über dem Kopf).

unten Das Basrelief am Angkor Wat ist das größte der Welt. Die Abbildungen sind sehr kunstvoll und detailreich und haben verschiedenste Inhalte, darunter auch Szenen aus der Mythologie und Kosmografie. Die Künstler, die diesen Epos schufen, verstanden es meisterhaft, ihre Materialien zu bearbeiten – entsprechend dem hinduistischen Glauben, dass alles das Wesen des Schöpfers enthalte, der dadurch in allen Dingen präsent sei.

Angkor Wat

Siem Reap, Kambodscha

Zwischen 1113 und 1150 herrschte Suryavarman II. über das Khmer-Reich. Er ließ den Tempel Angkor Wat errichten und dem hinduistischen Gott Vishnu, dem Erhalter des Kosmos, weihen. Der kunstvolle Tempel mit seinen fünf Türmen sendet seinen Glanz durch die Mauern bis auf die Grasflächen und den Wald, über den majestätischen Wassergraben und das gesamte Gelände. Wie Suryavarman den Tempel nannte, weiß man nicht, die heutige Bezeichnung Angkor Wat bedeutet »Stadt mit einem Tempel«.

Der Tempelkomplex Angkor Wat ist ein Mikrokosmos des hinduistischen Konzepts des Universums. Drei Etagen führen zum Tempel hinauf: Die erste ist dem König gewidmet, die zweite dem Schöpfergott Brahma und dem Mond, die dritte Vishnu. Die fünf Türme sind wie die Fünf auf dem Würfel (Quincunx-Anordnung) angeordnet, sie repräsentieren den Berg Meru, den Sitz der hinduistischen Götter. Die Details und

deren Symbolgehalt intensivieren sich zum Zentrum hin, zu dem nur wenige Zugang hatten. Das ist bei heiligen Gebäuden nichts Außergewöhnliches, doch im Angkor Wat wird die Tradition zuweilen umgekehrt. Andere Khmer-Tempel sind gen Osten ausgerichtet – dieser aber zur untergehenden Sonne hin. Zudem sind die wunderbaren Basreliefs entgegen dem Uhrzeigersinn zu »lesen«. Aus diesen beiden Merkmalen schloss man, dass Suryavarman dieses Bauwerk als Grabtempel geplant hatte.

Dimensionen und Design eines Tempels sollten den Sonnen- und den Mondzyklus ehren und ihn in Harmonie mit dem Kosmos bringen – im Angkor Wat wurde dies etwa mit den Verzierungen erreicht, die von kosmischen Kämpfen erzählen. Die Friese haben Titel wie »Himmel und Hölle«, »Die Austrocknung des Milchsees (Milchstraße)« und »Kampf der Götter«. Sakralarchitekten und Künstler verwirklichten die Visionen des Königs zu eine Tempelanlage, die uns noch heute staunen lässt.

oben Der Aufstieg zum 65 Meter hohen mittleren Turm ist nichts für Ängstliche. Ursprünglich durften ihn nur hochrangige Priester und Könige betreten. Bei der Tag-und-Nacht-Gleiche im Frühling scheint die Sonne aus dem Turm aufzusteigen. Der Turm der Echos hat eine besondere Akustik: Die Besucher werden aufgefordert, sich gegen die Brust zu schlagen und zu warten, was passiert.

oben Auf diesem Luftbild erkennt man die majestätische Größe von Angkor Wat inmitten eines symbolischen Ur-Ozeans. Im Westen führt eine Brücke über den Wassergraben, dahinter liegt der Eingang zum Tempel. Sakralarchitekten verwendeten präzise Berechnungsmethoden, die ihren kosmologischen Kenntnissen entsprachen, und schufen eine Ehrfurcht gebietende und ausgewogen gestaltete Tempelanlage.

rechts Hinter Angkor Wat ließ König Jayavarman VII. den Angkor Thom erbauen, an dem 200 Sandstein-Avalokiteshvara-Antlitze in alle Richtungen blicken. Vermutlich sollten sie dem König ähneln und ihn als Gottkönig im Zentrum des Universums darstellen. Der Bodhisattva Avalokiteshvara war aus einem Lichtstrahl geboren und schaut in alle Richtungen, um andere vor irdischen Leiden zu schützen.

Halong, Bucht des untertauchenden Drachen Vietnam

An Vietnams Küste zum Südchinesischen Meer, 170 Kilometer östlich von Hanoi, am Golf von Tonkin, liegt die Halong-Bucht. Der Name bedeutet »Bucht des untertauchenden Drachen«. In der vietnamesischen Mythologie, nach der die Vietnamesen von einem König-Drachen abstammen, der mit einer Göttin 100 Kinder zeugte, wimmelt es von Drachen. Als die Nachfahren dieser Kinder ihre Küsten gegen Invasoren verteidigten, schickte der Jadekaiser einen Mutterdrachen samt einer mächtigen Armee aus Kinderdrachen zu Hilfe, die wertvolle Edelsteine, Perlen und Jade auf die Feinde spuckten. Als diese Geschosse aufs Meer trafen, bildeten sie unzählige kleine Inseln und vereitelten die Pläne der Angreifer, die wieder abzogen. Die Drachen beschlossen zu bleiben. Heute soll sich noch immer ein drachenähnliches Tier namens Tarasque hier herumtreiben.

Als Schauplatz dieser Legende wird die Halong-Bucht als heilig verehrt. In der landschaftlich reizvollen Bucht gibt es vielerlei Lebensformen, und sie gilt als nationales Kultur- und Naturgut. Im klaren Wasser tummeln sich unzählige Meeresbewohner, auf den Inseln sieht man Antilopen, Affen, Leguane und farbenfrohe Vögel. Auch in den bis zu 30 Meter hohen Höhlen, in denen sich das vom Meer gebrochene Licht widerspiegelt, leben Wildtiere.

Es gibt hier 1600 größere und 3000 kleinere Inseln, die zusammen ein 1500 Quadratkilometer großes Gebiet bedecken. Menschliche Kulturen reichen hier weit in die Prähistorie zurück, und Mythen und Traditionen sind tief verwurzelt. Viele der Inseln, Höhlen und Strände haben ihre eigenen Geschichten und Sagenwelten.

links Die Halong-Bucht ist ein Ort der Mythen und Mysterien – und Heimat von 60 Korallen-, 400 Fisch- und 140 Algenarten. Dies sind nur ein paar der Juwelen, die man rund um diese Schatzinseln entdecken kann. In der Bucht befinden sich verschiedenste Korallen-, Lagunen- und Insel-Ökosysteme, und die Schönheit der Szenerie wechselt mit den Tages- und Jahreszeiten.

oben Boote befahren die Bucht seit unvorstellbar langer Zeit. Im 12. Jahrhundert gab es hier einen wichtigen Handelshafen. Heute sind Ausflugs-, Sport- und Fischerboote unterwegs. In der seit prähistorischer Zeit besiedelten Bucht entwickelten sich drei verschiedene Kulturen, die jeweils ihre Spuren hinterlassen haben – die die Archäologen nach und nach entdecken.

oben rechts Die Kalksteininseln ragen wie Fabelwesen aus dem jadefarbenen Wasser. Solche Anblicke inspirieren die Vorstellungskraft von Geschichtenerzählern und Künstlern. Kaiser Le Thanh Tong kam 1468 hierher und pries die majestätische Szenerie in einem Gedicht, das er später in einen Felsen meißeln ließ.

rechts Auf vielen Inseln in der Bucht findet man Höhlen, in denen erstaunliche Formationen und Klänge die Besucher begrüßen. Die Haupthöhlen tragen Namen und gelten als Orte, an denen Menschen in die Götterwelt hinübergleiten können. In der »Amazing Cave« umspielt Tageslicht die Felsen mit einem Farbenspektakel, das die Phantasie weckt.

Borobudur Java

Auf Java, der dichtest besiedelten Insel der Welt, bestehen mehrere Religionen nebeneinander. Die Ureinwohner übernahmen aus Indien den Shivismus und den Buddhismus, doch heute sind die Mehrheit der Javaner Muslime. Bhumisan Brabadura (»Der unaussprechliche Berg der angesammelten Tugenden«), meist kurz Brabadura genannt, ist eine Tempelanlage in Zentral-Java. Der im 8. und 9. Jahrhundert von der Sailendra-Dynastie errichtete Komplex war ursprünglich hinduistisch, heute ist er jedoch ein sehr populärer buddhistischer Pilgerort.

Die Anlage stellt ein dreidimensionales Mandala dar – das geografische Modell einer perfekten Welt. Sie besteht aus sechs viereckigen Plattformen unter drei kreisförmigen Terrassen. Ganz oben umgibt ein Kreis aus 72 Stupas eine einzige Kuppel, die die Einheit symbolisiert. Die einzelnen Ebenen stehen für die Welt der Sinne und der Bedürfnisse, die Welt der körperlichen Formen und die feinstoffliche, spirituelle Welt. Die Ausschmückungen jeder Ebene drücken diese einzelnen Stadien aus. Ganz unten herrscht eine Vielfalt an Basreliefs, nach oben hin werden die Dekorationen immer schlichter, bis zur Einheit allen Seins an der Spitze, die ganz ohne Verzierung auskommt.

An dieser Stätte gibt es keine Innenräume; sie ist als Prozessionsweg auf einen heiligen Berg gedacht und stellt die Reise zur inneren Erleuchtung dar. Die Pilger und Gläubigen steigen im Uhrzeigersinn nach oben, wodurch ihre rechte Hand dem Schrein immer nahe ist. Diese alte Tradition, die schon in Texten aus dem 3. Jahrtausend v. Chr. beschrieben ist, soll die Menschen erwecken und mit dem Göttlichen verbinden, indem sie es umkreisen. Wenn man oben angelangt ist, hat man 2672 Relieftafeln und 504 Buddhas passiert, hat unzählige Stufen erklommen – und unermessliche Tugenden angesammelt.

rechts Ein Buddha blickt auf den Vulkan Merapi, der im Jahr 1006 ausbrach und Borobudur mit Asche überzog – 800 Jahre lang blieb die Stätte von der Asche bedeckt. Alljährlich besteigt ein Priester den »Feuerberg« und bringt Opfer dar, da der Berg den Sitz uralter javanischer Geistwesen und den Berg Meru – für Hinduisten und Buddhistien die mythologische Achse der Schöpfung und Vorbild für Bodobudur – bildet.

links Einige der Relieftafeln haben biografischen oder erzählenden Inhalt, andere belehren über Ursache und Wirkung. Alle sind von rechts nach links zu betrachten – weshalb es sinnvoll ist, im Uhrzeigersinn hinaufzusteigen. Die 2672 Tafeln wurden vor Ort gemeißelt, nach der Konstruktion der Anlage. Für die Bauten wurde kein Mörtel verwendet, allein die kunstfertige Behauung der Steine sorgt für die Stabilität.

links oben Borobudur ist das Ziel einer zeremoniellen Prozession, die Buddhas Geburt, Tod, Erleuchtung und seines Entkommens aus dem Zyklus der Wiedergeburten *(samsara)* gedenkt. Diese Prozession, Waisak genannt, findet bei Vollmond im Sternbild Stier statt, einem staatlichen Feiertag. Auf dem Bild sieht man einen Ausschnitt aus einem der vielen Reliefs, die man auf dem Weg nach oben betrachten kann.

oben Ein Buddha sitzt in jedem dieser 72 Stupas, die die einzelne Kuppel – Symbol der Einheit – umgeben. Dies ist Arupadhatu, das Reich der endgültigen Erleuchtung, wenn die Seele alle körperlichen Formen hinter sich lässt. Die Stupas stehen auf drei Ebenen, die Kuppel noch auf einer darüber; zusammen versinnbildlichen sie die vier Stufen der Meditation über das Immaterielle.

Antike Bauwerke in den Wudang-Bergen

Provinz Hubei, China

Chinas Wudang-Berge sind für ihre taoistischen Klöster und deren fromme Bewohner bekannt. Der Tempel der fünf Drachen, das erste heilige Gebäude, wurde während der Tang-Dynastie im 7. Jahrhundert errichtet, der Berg selbst galt schon vorher als heilig.

Die Taoisten glauben, dass die Natur selbst göttlich ist und dass wir in Harmonie mit natürlichen Zyklen und Systemen leben sollten. Die gesamte Schöpfung sollte geehrt werden. Berge mit ihren Quellen, Höhlen, Pflanzen und Tieren sind selbst wunderbare Reiche der Natur, und darüber hinaus stützen sie den Himmel und schaffen dadurch den Raum, in dem Leben gedeiht. Die Wudang-Berge mit ihrer dramatischen Szenerie aus Gipfeln, Schluchten und Tälern erstrecken sich auf über 30 Quadratkilometer. Der Boden hier verleiht Heilkräutern ihre Kräfte, inmitten von rauen, trockenen Felsen liegen beschauliche Teiche, auf deren Oberfläche die Sonne spektakuläre Schatten

wirft. Dies sind die miteinander verflochtenen Gegensätze, die das Gleichgewicht erhalten – das taoistische Symbol hierfür ist das Yin-Yang-Zeichen.

Die antiken Bauwerke – Sakral- und Profanbauten, deren Zweck die Verbreitung von Wissen und Spiritualität sein sollte – wurden ab 1412, zur Zeit der Ming-Dynastie errichtet. Es entstanden Paläste, taoistische Tempel und Klöster, Pavillons und Tore. Die Gotteshäuser wurden mit einem Augenmerk auf Symmetrie konstruiert und dekoriert, und die Kräfte der Berge wurden dabei integriert – so gut, dass zwischen den Mauern Echos zu hören sind. Chinesische Kräuterkundige sammelten

oben Am oberen Ende einer langen Treppe begrüßt das Tor der Pilgerreise den erschöpften Wanderer. Die taoistische Architektur war auf ein langes Leben und letztendlich auf Unsterblichkeit ausgerichtet. Die Erbauer hofften auf göttliche Inspiration. Tore symbolisierten ein Ziel – sie zu durchschreiten gewährt dem Pilger Einlass in ein anderes Reich.

hier über 300 verschiedene Heilkräuter, außerdem florierten Meditation, Kampfkünste und darstellende Künste sowie Philosophie und alle Arten taoistischer Lehren. Viele dieser Fächer werden hier noch heute gelehrt; auch Touristen sind willkommen, müssen sich aber respektvoll verhalten.

oben Der »Pavillon des Schriftenlesens« steht auf der Lingxu-Klippe am Pfirsichholz-Hügel. Pfirsichholz schützt vor bösen Geistern, und an diesem abgelegenen, lebhaften Ort kann man sich von der Welt zurückziehen und nachdenken. Chen-Chuan lebte hier 20 Jahre lang und entwickelte den »Drachenschlaf«, der es ihm ermöglichte, 108 Jahre alt zu werden.

oben Der »Duft des Drachenhaupts«: Zwei phantasievoll gestaltete Drachen ragen gegenüber dem Goldenen Berg drei Meter über eine Schlucht hinaus. Junge Männer bewiesen einst ihren Mut und ihren Glauben, indem sie bis zu den »Köpfen« der Drachen kletterten und dort Weihrauch entzündeten. Nachdem jedoch einige dabei ums Leben kamen, verbot der Kaiser dieses Ritual.

oben Vom Goldenen Palast auf dem Berg der Himmlischen Säule aus überblickt man viele Tempel und andere Bauten. Die Farbe Rot repräsentiert die heißen Öfen der Alchimisten; deren Bemühen, aus unedlen Metallen Gold zu machen, symbolisiert die Transzendenz, die der Taoismus anstrebt.

Yungang-Grotten

Datong, Provinz Shanxi, China

Chinesische buddhistische Steinmetze schufen im 5. und 6. Jahrhundert n. Chr. in den 252 Höhlen an der Südwand des Wuzhou-Bergs, den Yungang-Grotten, herausragende Skulpturen und Reliefs. Die Höhlen dienten den Künstlern wie der Wei-Dynastie, die die Werke in Auftrag gegeben hatte, als Ausstellungsräume des Buddhismus. Buddha wurde erst ab dem 1. Jahrhundert v. Chr. bildlich dargestellt, und seine Lehren wurden eher symbolisch als in erzählerischer Form wiedergegeben. Die Kunstwerke in den Yungang-Grotten führten die Bildersprache der buddhistischen Kunst in Ostasien ein. Hier findet man 51 000 Statuen und Reliefs von Buddha, in Größen von zwei Zentimetern bis zu 17 Metern!

Frühe Texte erzählen, dass der Toba-Wei-Kaiser Ming Yuan Di schon am Berg Wuhou gebetet hatte, ehe das Höhlenprojekt begonnen wurde – dieser galt demnach schon lange als Ort geheimnisvoller Kräfte. Die Tradition, Höhlentempel in die Felsen zu hauen, kam von Indien über Afghanistan und Zentralasien nach China. Der Mönch Tan Yao überredete Kaiser Wen Cheng Di zur Ausgestaltung der Yungang-Grotten. Tan Yao begann um 460 n. Chr. mit der Arbeit an fünf Höhlen, doch im Lauf von 60 Jahren waren an dem Projekt bis zu 40 000 Personen beteiligt, von denen viele aus der Gegend stammten. Neben Hinweisen auf griechische Architektur sind in der Darstellung von Kleidung, exotischen Pflanzen, Tieren und Musikinstrumenten jedoch auch Einflüsse aus Indien, Pakistan und Afghanistan zu erkennen.

Im Lauf der Zeit beschädigten Kriege, die Witterung und Naturkatastrophen die Kunstwerke; die Farben und das Gestein selbst erodierten. Inzwischen werden die Grotten geschützt, und viele konnten durch vorsichtiges Eingreifen vor dem Zusammenbruch bewahrt werden.

rechts Wie Zeit und Witterung sich auf das Gestein auswirkten, erkennt man beim Vergleich der Höhleninnenräume mit der Fassade: Außen hat die Erosion Farben und Reliefs wegpoliert. Dieses Foto vermittelt auch einen Eindruck von der gewaltigen Dimension und der Farbpalette, die die Künstler und Handwerker verwendeten.

第十窟

oben In Höhle 3 sitzt der Buddha zwischen zwei anderen Figuren. Er hat seine rechte Hand in Schulterhöhe angehoben, die Handfläche zeigt nach vorn: Dies ist die »Fürchte dich nicht«-*Mudra* (Handgeste), die für spirituelle Macht steht. Sie symbolisiert seine Fähigkeit, anderen Furchtlosigkeit zu gewähren. Nach einer Legende soll Buddha mit dieser einfachen Geste einen wütenden Elefanten besänftigt haben.

rechts oben Berge spielten im Leben Buddhas – wie in der buddhistischen Kosmologie – eine besondere Rolle. Indem man Tempel und Statuen in den Fels meißelte, ehrte und verherrlichte man diese heiligen Orte. In den hier gezeigten Nischen werden die verschiedenen Tätigkeiten Buddhas dargestellt: Er spricht, er lehrt und er predigt.

rechts Die rechte Hand des Buddhas in Höhle 16 zeigt die Mudra der Furchtlosigkeit, die linke die lehrende Geste. Die Skulptur ist stark verwittert, der mittlere Abschnitt nahezu ganz erodiert, wodurch sie einen transzendenten Anschein erhält, der zum Rauch passt, der vor der Höhle aufsteigt.

Kii-Berge Honshu, Japan

Die Kii-Berge auf der japanischen Insel Honshu sind dicht bewaldet und gelten seit mehr als 1200 Jahren als heilig. Mit ihren stehenden und fließenden Gewässern sowie den in den Bergen und Bäumen wohnenden Geistern bilden sie ein auf der Welt einzigartiges spirituelles Gebiet. Drei Plätze an Pilgerstraßen zwischen Nara und Kyoto gelten als besonders kraftvoll: Yoshino und Omine, Kumano-sanzan und Koya-san. Zusammen versinnbildlichen sie die uralten religiösen Traditionen, die sich aus der Verschmelzung von Naturreligionen entwickelten: Shintoismus und Buddhismus.

Yoshino und Omine im Norden der Bergkette haben die älteste religiöse Tradition – hier lebten einst der Mönch En no Gyoja und die Anhänger des Shugendo, asketische Bergbewohner, die im 7. Jahrhundert ihren Glauben in Wäldern praktizierten.

Kumano-sanzan im Süden besitzt drei Schreine, in denen ursprünglich die Natur auf unterschiedliche Arten angebetet wurde. Im Lauf der Zeit bildete sich eine Mischung aus Shintoismus und Buddhismus heraus, und die Schreine inspirierten die Architektur zahlreicher Tempel weit über die Kii-Berge hinaus.

Im Gebiet der steilen Gipfel und Lichtungen um den Berg Koya-san repräsentieren 117 Tempel, die durch ein Netz aus Wegen und Pilgerrouten verbunden sind, über tausend Jahre der Gottesverehrung. Im Jahr 816 verbreitete hier der buddhistische Priester Kukai die Shingon-Lehre (Lehre des wahren Wortes), nachdem er von Besuchen in China Texte und Kunstwerke mitgebracht hatte. Im Shingon wurden visuelle Künste und Rituale instrumentalisiert, um den Glauben zur Geltung zu bringen. Kukai, so heißt es, erreichte schließlich das Stadium der Erleuchtung und lebt noch heute in tiefer Meditation im Okuno-in-Tempel. Die Kii-Berge sind eine heilige Landschaft, in der Gläubige beten, deren Religion nicht zuletzt von dieser Landschaft geprägt wurde.

rechts Die dicht bewaldeten Kii-Berge auf ihrer Halbinsel im Pazifik gehen in den unteren Bereichen so ineinander über wie die in diesem Gebiet ausgeübten Religionen: Jede Glaubensrichtung hat ihre eigene Identität, wird aber von den benachbarten Religionen beeinflusst.

古い仏檀の供養塔

links Rund um das Grab des charismatischen Mönchs Kukai unter den alten Bäumen von Okuno-in (am Berg Koya-san) sind über 300 000 Menschen bestattet. Es gibt unzählige Geschichten über Kukais Güte und übernatürliche Fähigkeiten. So soll er einst auf den Boden geschlagen haben, woraufhin Quellen entsprangen, die den durstigen Dorfbewohnern frisches Wasser lieferten.

links unten Bäume sind ein fester, hochgeschätzter Teil der Landschaft der heiligen Kii-Berge. In den Koya-san-Klosterkomplex wurden sie sorgsam integriert. In den 50 Tempeln wird Besuchern *shukubo* – Tempelunterkunft – angeboten. Die Übernachtungsgäste werden von den Mönchen zur Morgenandacht und zu *shojin ryori*, vegetarischen Mahlzeiten, eingeladen.

rechts Der Nachi-no-Otaki ist mit 133 Metern Japans höchster Wasserfall. Der Seiganto-ji-Tempel und Kumano-Nachi Taisha – ein Shinto-Schrein – wurden hier zu Ehren des als heilig verehrten Wassers gebaut. In der Gegend gibt es auch heilige Steine und Bäume – alles zusammen bietet den Pilgern eine intensive und sinnliche Glaubenserfahrung.

Berg Fuji

Shizuoka/Yamanashi, Honshu, Japan

Der kegelförmige inaktive Vulkan Fuji mit seinem schneebedeckten Gipfel ist Japans berühmtestes natürliches Wahrzeichen und der höchste Berg des Landes. Der Fuji-san, auch Berg der Unsterblichkeit, soll in seinem vulkanischen Kern die Quelle der Unendlichkeit enthalten.

Die Ainu, Japans Ureinwohner, gaben dem Berg den Namen »Fuji«, feurige Göttin. Die Ainu glauben, dass allem in der Schöpfung ein Geist innewohnt und dass diese Geister positive wie negative Ereignisse in der Natur auslösen können. Deshalb muss man allen Elementen der Schöpfung mit Respekt begegnen. Der Berg Fuji inspirierte viele religiöse Traditionen – auch der Shintoismus (»Weg der Götter«) erkennt in allen Dingen das Göttliche. Wasser entspringt in Bergen, und somit werden Bergen lebensspendende und reinigende Qualitäten zugeschrieben. Daraus folgerte man, dass an diesen heiligen Stätten Götter wohnen mussten. Für japanische Buddhisten symbolisert der Gipfel, der sich von der Welt loslöst, die Meditation, mit der der Mensch sich über das alltägliche Leben hinweg auf eine andere Seinsebene begibt – wie eine Lotosblüte sich vom Boden Richtung Sonne erhebt. Der Berg Fuji ist Sitz des kosmischen Buddhas, den wir auch als Dainichi Nyorai, Vairocana oder Buddha des Lichts kennen.

En no Gyoja begründete die synkretische Shugendo-Lehre, deren Anhänger in den Bergen ein asketisches Leben führen, Kräuter essen und sich einem strengen Reglement unterwerfen, um magische Kräfte zu entwickeln. Nach einer Shugendo-Legende bestieg En no Gyoja im 7. Jahrhundert als erster Mensch den Fuji.

Am Ende der Wandersaison werden in einer Zeremonie zu Ehren von Konohana Sakuya Hime – einer wichigen Shinto-Göttin, die vor Feuer schützt und Geburten erleichtert – Fackeln entzündet. Viele Tempel auf dem Fuji sind dieser Göttin geweiht – weshalb es geradezu ironisch anmutet, dass Frauen bis 1872 der Aufstieg verboten war. Sie verursachten angeblich schlechtes Wetter, weil sie die Götter störten.

rechts Der Fuji-san ist aus geologischer Sicht ein relativ junger Vulkan, doch aus menschlicher Sicht sind die mit ihm verbundenen religiösen Vorstellungen uralt. Der Berg ist für viele Glaubensrichtungen ein spirituelles Zentrum. *Sangu shinko* ist der japanische Begriff für den Glauben, dass Berge als Sitze von Göttern und Geistern heilig sind.

links Die offizielle Wandersaison ist sehr kurz: von Anfang Juli bis Ende August – deshalb können dann die Wege überfüllt sein. Viele steigen bei Nacht hinauf, um zur Zeit des wunderbaren Sonnenaufgangs am Gipfel zu sein. Viele Pilger und Wanderer spüren gerade dann die spirituelle Kraft, die von diesem heiligen Berg ausgeht.

rechts Dieses *torii* wurde so platziert, dass es den Fuji einrahmt, wodurch zwei glückverheißende Symbole kombiniert wurden: der heilige Berg und das zinnoberrote Tor. (Zinnoberrot gilt als Farbe des Lebens und der Fuji als Berg der Ewigkeit.) Das Tor auf dem Gipfel eines Hügels ist ein guter Rastplatz und lädt Pilger dazu ein, innezuhalten.

links Ein *torii* ist ein symbolisches Tor und markiert den Übergang von der weltlichen in die heilige Welt. Wenn man es durchschreitet, wird man gesegnet; als Zeichen der inneren Reinigung wäscht man sich Hände und Mund. An diesem Shinto-Schrein haben die Pilger Glöckchen mit zinnoberroten Bändern aufgehängt (Rot für den Berg der Ewigkeit).

Australien & Pazifikländer

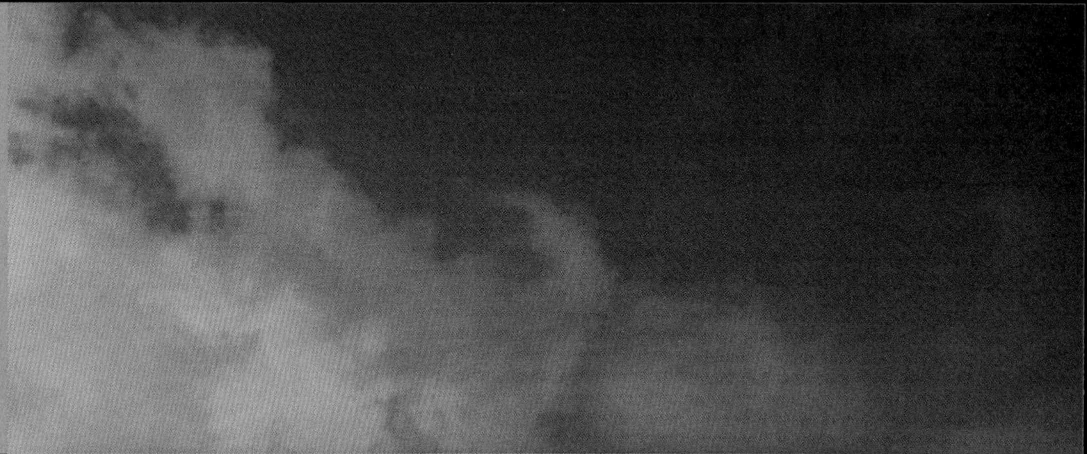

In Australien und den Pazifikländern finden wir vor allem unbebaute heilige Stätten vor. Die Landschaft blieb unberührt, um die Seele des Ortes – in der Höhe oder in der Tiefe, geprägt von Wasser oder Feuer – zur Geltung zu bringen. Tatsächlich sind Rapa Nui und Taputapuatea auf Raiatea die einzigen Stätten, in denen Steine aufeinandergeschichtet wurden. Als die ersten Europäer nach Australien kamen, hatten die Ureinwohner schon eine sehr lange, tief verwurzelte religiöse Kultur, die Traumzeit (Dreamtime), die in ihrem Glauben bereits *ab origine*, »von Beginn an«, gegenwärtig war. Die spirituellen Riten der Aborigines sind eng mit der natürlichen Landschaft verbunden, die staubtrockene Erde ebenso wie plätscherndes Wasser umfasst.

Der Tongariro-Nationalpark auf der Nordinsel Neuseelands besteht aus schneebedeckten Berggipfeln, Wiesen, aktiven Vulkanen und Kratern. Hier findet man Quellen, Seen und vulkanische Wüstenlandschaften. Die Szenerie wechselt aufgrund dynamischer klimatischer Prozesse ständig. Der Park repräsentiert somit die Extreme, denen wir in Australien und den Pazifikländern immer wieder begegnen.

Indem sich die Einwohner Neuseelands selbst *Maori* (»natürlich« bzw. »sterblich«) nennen, grenzen sie sich von den *wairua* (Göttern) ab. Die Maori kamen aus dem Osten Polynesiens und brachten ihr Glaubenskonzept *tapu* mit, das einem Objekt heiligen Status gibt und ihm Respekt und Schutz garantiert – zuweilen darf man es weder benennen noch berühren, um es nicht zu entweihen. *Tapu* kann auch bedeuten, dass bestimmte Personen von einigen Aktivitäten ausgeschlossen werden. Die Maori-Priester, *Tohunga*, erklären *tapu* als Methode, natürliche Ressourcen vor der Ausbeutung zu schützen. Diese Sichtweise haben inzwischen viele übernommen – mit dem Ziel der ökologischen Ausgewogenheit auf der ganzen Welt.

Unser erstes Ziel ist das bedrohte Great Barrier Reef, das nicht nur eine heilige Stätte, sondern mit seiner wunderbaren Unterwasserszenerie ein unschätzbares Gut darstellt. Der Lake Mungo dagegen ist heute ausgetrocknet – eine Folge des prähistorischen Klimawandels, der die Anwohner zur Umsiedelung zwang. Die Betrachtung dieser beiden Plätze lehrt uns die Schönheit der Natur wieder schätzen und wirft die Frage auf, wie wir diese für unsere Nachkommen erhalten können. Seit Mitte des letzten Jahrhunderts steigen die Durchschnittstemperaturen in ganz Australien an, und auch Niederschlagsmengen und -häufigkeit haben sich verändert. Doch es ist ermutigend, dass 2006 das Climate Institute of Australia Erklärungen von 16 Religionsgruppen herausbrachte, die die Öffentlichkeit aufrüttelten und mahnten, sorgsamer mit der Umwelt umzugehen, um irreversiblen Klimaänderungen vorzubeugen.

Zu den großartigen Geschenken Gottes gehören auch die künstlerische Inspiration und die Fähigkeit, das Unbeschreibliche auszudrücken, die auch schon die Aborigines erkannten. Sie versuchten, die spirituelle Welt mit Erdfarben darzustellen. Noch heute, in der Zeit der digitalen Bilder, spüren viele Künstler bei der Berührung von Stift und Papier, von Ölfarbe und Leinwand diesen uralten Kitzel – wie viel mehr Zauber muss dies für unsere Urahnen gehabt haben. Und welche Kraft müssen sie erst jenen zugeschrieben haben, die spirituelle Wesen überreden konnten, sich durch eindeutige Spuren zu verewigen – so, wie Farbe in poröses Gestein drang, so tauchten für sie himmlische Wesen daraus hervor. Das Geheimnisvolle der bemalten Höhlen, Felsen und Schluchten geht über das Visuelle hinaus. Auf der ganzen Welt gibt es solche Stätten mit uralten Zeichnungen, die zudem akustische Phänomene wie besondere Echos aufweisen; unverzierten Stätten fehlen diese offenbar übernatürlichen Eigenschaften. Aufgrund der visuellen und klanglichen Effekte gelten diese Orte als Plätze, an denen man mit der spirituellen

Welt in Kontakt tritt – als Portale zwischen den Welten. Hier spürten die Menschen magische, metaphysische Kräfte.

Der Glaube, dass die Schöpferwesen in Felsenwänden wohnen, manifestiert sich in den Mythen und Legenden der Aborigines und in deren künstlerischen Darstellungen. Die Mimi-Geister etwa, die aus Spalten und Rissen der Felsen im Kakadu-Nationalpark aufgetaucht sein sollen, werden mit dünnen, langen Körpern abgebildet – wie wären sie auch sonst durch solch schmale Öffnungen gelangt? Bild- und Klangkunst sollen sich hier mit der Seele verbinden, um die spirituelle Welt zu erfahren und zu erklären – und das Wissen an künftige Generationen weiterzugeben.

Auch die heutigen Bewacher des Uluru-Felsens verknüpfen die Vergangenheit mit der Zukunft. Sie stellen Regeln auf, um das Mala-Gesetz der Anangu-Aborigines, der traditionellen Besitzer von Uluru, zu würdigen. Im Bungle-Bungle-Massiv schützen die Älteren künftige Generationen, indem sie Teile ihres Wissens nur innerhalb ihrer Gemeinde weitergeben. Einige Kenntnisse gelten als zu gefährlich, als dass sie nach außen gelangen dürften, so wie manche Orte durch die Berührung von Fremden beschmutzt würden. Dieses Wissen wird nur jenen übermittelt, die es verstehen und sein Weiterbestehen sichern können.

Die Idee, Wissen durch Belehrung und Bewahrung für die Zukunft zu sichern, entspricht dem Konzept der Heiligkeit der natürlichen Welt, da *tapu* immer den Schutz des heiligen Gegenstands impliziert. Der Wunsch, das zu schützen, was verletzlich scheint, ist verständlich. Wenn man das Prinzip aber auf etwas so Mächtiges wie einen Vulkan, etwa den Ruapehu im Tongariro-Park, anwendet, ahnt man die tiefe Hingabe eines Volkes, das stolz darauf ist, etwas so Ehrfurchtgebietendes zu ehren, statt sich davon einschüchtern zu lassen. Vulkanische Aktivität war auch für die Entstehung von Rapa Nui (Osterinsel) verantwortlich, wo man das Universum in horizontale und vertikale Ebenen einteilte; die Erde verbindet demnach die helle Welt des Himmels mit der dunklen Unterwelt.

Wir beginnen dieses Kapitel mit Australiens wunderbarem Great Barrier Reef und beenden es mit der von Korallen gesäumten Insel Raiatea. Hier liegt Taputaputea, ein zweifach heiliger Ort und Heimat der polynesischen Götter. Für manche ist dies auch der Platz, an dem die ersten Menschen aus dem finsteren Untergrund hervorkamen, um die helle, heilige Welt zu ehren und zu bewahren.

gegenüber Der Lake Mungo im Mungo-Nationalpark, New South Wales, Australien. **unten links und rechts** Bungle Bungle, Purnululu-Nationalpark, Westaustralien.

Great Barrier Reef

Coral Sea, Queensland, Australien

Abermillionen von winzigen Organismen bilden das riesige Gebilde, das häufig der größte Organismus der Welt genannt wird. Das Great Barrier Reef, das 2300 Kilometer von Australiens Nordostküste säumt, bietet in seinem einzigartigen Ökosystem unzähligen, auch seltenen Arten eine Heimat. Schon immer lebten die Menschen hier von der Fischerei, und archäologische Funde belegen, dass das Gebiet für sie auch spirituelle und kulturelle Bedeutung hatte. Der immense Reichtum dieses Vermächtnisses wird durch die prächtige Erhabenheit der Unterwasserwelt, die geradezu übernatürlich schön wirkt, noch vergrößert.

Wie aber wird das Heilige in etwas so Gewaltigem und Mannigfaltigem definiert? Wenn die Pracht und die Vielfalt noch nicht ausreichen, dann hilft vielleicht die Vorstellung, all dies womöglich wegen der globalen Erwärmung und Umweltverschmutzung zu verlieren, um die Großzügigkeit der Natur in neuem Licht zu betrachten. Wie alle Ökosysteme bildet auch das Great Barrier Reef einen Faden im Gewebe, das alles Leben auf der Erde verbindet. Und indem es unsere Sinne anspricht, erinnert es uns daran, das eine zukunftsfähige Existenz ein Geben und Nehmen verlangt. Darüber hinaus können wir schlecht behaupten, die Schöpfung zu lieben, wenn wir die Ressourcen zerstören, die die Menschen, Pflanzen und Tiere ernähren. Das Great Barrier Reef symbolisiert die Großzügigkeit der Natur und gemahnt uns, unserer heiligen Pflicht – dem Bewahren all dieser Schätze – nachzukommen.

links Hier leben viele gefährdete Spezies, darunter Meeresschildkröten, Wale, Delfine und Seekühe. Die heutigen Anwohner wollen das Gleichgewicht zwischen traditionellen Werten und der Nutzung von Ressourcen aufrechterhalten, auch angesichts von Tourismus, kommerzieller Fischerei und Klimawandel, die die Stabilität des Great Barrier Reef bedrohen.

Lake Mungo

Mungo-Nationalpark, New South Wales, Australien

Im Mungo-Nationalpark liegt der ausgetrocknete Lake Mungo, den ein Klimawandel in prähistorischer Zeit trockenlegte. Neben Zeichen menschlicher Besiedlung, die an die 60 000 Jahre alt sind, fand man am südöstlichen Ufer des Sees den Mungo Man (Australiens älteste menschliche Überreste) und die Mungo Lady (Relikte der frühesten rituellen Einäscherung). Vermutlich lebten sie beide in diesen prähistorischen Zeiten vor etwa 60 000 Jahren.

Die Seen in dieser Region ernährten einst die Menschen, die sich hier niederließen. Die Mungo fingen Süßwasserfische, Muscheln und Landtiere wie Emus und vielleicht auch die heute ausgestorbenen Super-Kängurus. Auch Pflanzen wie die Knollen und Früchte der Seerosen standen auf dem Speiseplan. Die Mungo lagerten am See und bereiteten ihr Essen über offenem Feuer zu. Als der See austrocknete, waren sie gezwungen weiterzuziehen.

Am Rand des Sees bildete verwehter Lehm- und Quarzsand mondsichelförmige Dünen *(lunettes)*, von denen eine »Chinesische Mauer« genannt wird. Im Lauf der Zeit wuchsen andere Pflanzen am Seeufer, die jedoch von nicht heimischen, eingeführten Tieren aufgefressen wurden – danach war das Terrain der Erosion schutzlos ausgesetzt. Doch diesmal legten die Sandverwehungen die Feuerstätten, Werkzeuge, Artefakte und Essensreste frei, anhand derer die Archäologen die Geschichte der Mungo zusammensetzen konnten. Mitte des 20. Jahrhunderts fand man auch Mungo Man und Mungo Lady. Ersterer birgt noch immer zwei große Mysterien: Er wurde zur Seite geneigt bestattet, Knie und Ellbogen leicht gebeugt, die Hände verschränkt. Wie in europäischen Gräbern aus dieser Zeit war sein Körper mit rotem Ocker bedeckt, den die Aborigines noch heute symbolisch verwenden. Doch roten Ocker – und das ist das erste Mysterium – findet man in diesem Gebiet nirgends. Das zweite Geheimnis birgt seine DNA, die mit keiner andernorts gefundenen Übereinstimmungen aufweist.

rechts Die »Chinesische Mauer« am Lake Mungo hat eine geradezu außerirdische Atmosphäre. Der See gab dem Nationalpark im Südwesten von New South Wales den Namen. Wie andere Seen in der Region trocknete er in prähistorischer Zeit aus. Der Lehmboden ist von Quarzsand und Gestein bedeckt, die übrigblieben, als der Wasserspiegel sank und schließlich ganz verschwand.

oben Abendliche Schatten betonen die Strukturen der »Chinesischen Mauer« am Lake Mungo. Man kann sich kaum vorstellen, dass hier einst ein großer See eine Vielfalt an Pflanzen und Tieren ernährte. Als der See austrocknete, schuf kräftiger Wind kompakte Sanddünen, die inzwischen nach und nach erodieren und die Zeugnisse der einstigen Bewohner freilegen.

oben In dem Gebiet herrschen extreme Temperaturen, die tagsüber häufig über 40 Grad Celsius steigen und nachts auf unter null Grad sinken. Besucher sollten viel Wasser und warme Kleidung mitnehmen. Wer Glück hat und auf einem Campingplatz unterkommt, hat nachts die Möglichkeit, einen wunderbaren Sternenhimmel zu betrachten – so wie es hier einst die Mungo taten.

oben Dies ist kein versteinerter Baumstumpf, sondern eine erodierte Quarzsanddüne. Irgendwann in der Vergangenheit grasten Schafe und Hasen das Terrain leer, und Dürren und Stürme richteten weitere Schäden an. Doch inzwischen wird mithilfe der Aborigines wieder heimische Vegetation angepflanzt, die Vögel und andere Tiere anlocken soll.

Uluru (Ayers Rock)

Kata-Tjuta-Nationalpark,
Northern Territory, Australien

Die Anangu-Aborigines sind die traditionellen Eigentümer von Uluru, dem großen Sandsteinfelsen, dessen Profil als kulturelles und geografisches Wahrzeichen Australiens gilt. Die Anangu sind vermutlich eine der ältesten Gesellschaften der Welt, und ihr Glaubenssystem ist eng mit diesem Platz verwoben.

Zu den zahlreichen Legenden, die sich um den Uluru ranken, gehört jene, nach der er von der Erde geformt wurde, die sich aus Trauer anhob, wenn Stammesanführer im Kampf starben. Eine andere Geschichte ist wegen der Verbindung von Tradition, Gegenwart und Zukunft besonders bemerkenswert: Das Mala (rötliches Hasenkänguru) war in der Gegend bis Mitte des 20. Jahrhunderts weit verbreitet, kommt heute aber in der Wildnis nicht mehr vor, woran Haustiere und Füchse ihren Anteil haben. Doch die Malas sind für die Anangu wichtige und in ihrer Kultur tief verwurzelte Kreaturen.

Seit Tausenden von Jahren sind die Seelen des Hasenkänguru-Stamms, ebenfalls Mala genannt, am Uluru zugegen und beschützen hier alles Lebende.

In früheren Zeiten reisten die Mala von weither zum Uluru. Sie bauten Lager, in denen die Zelte der Älteren die der Mütter mit kleinen Kindern umstanden, um diese zu schützen. Auf dem Uluru stellten sie einen Zeremonienmast auf, und ihr Lebensrhythmus folgte harmonisch dem Mala-Gesetz Tjukurpa. Doch andere Stämme, die das Mala-System zerstören wollten, schufen einen teuflischen Dingo namens Kurpany. Luunpa, die Frau des Königsfischers, erkannte die Gefahr, doch ihre

oben Der 348 Meter hohe Uluru trotzt hartnäckig der Erosion, die den ursprünglichen Berg zerstörte. Die Macht des Berges hat sich im Sandstein und in der Mythologie, die mit diesem geheimnisvollen Platz verbunden ist, verfestigt. Der Uluru verändert je nach Tages- und Jahreszeit die Farbe. Hier schimmert er golden vor dem azurblauen Himmel.

Warnungen wurden ignoriert. Zwei Mala-Männer wurden getötet, die anderen flohen. Dies geschah in ferner Vergangenheit. Heute wollen die Anangu und die Parkbehörde das Mala hier wieder heimisch machen, um das Überleben dieses Tieres, das für die Anangu-Kultur so große Bedeutung hat, zu sichern.

oben Diese filigran gemalte Pflanze sieht fast so natürlich aus wie die Flechten, die auf dem Stein wachsen. In vielen Höhlen des Uluru findet man Felszeichnungen, einige uralt, andere moderner – hier wurden die Bilder wie bei einem Palimpsest (immer wieder gereinigte und neu bemalte Schriftrollen oder Pergamente) ständig übermalt. Das Resultat ist eine Vielfalt an visuellen und spirituellen Informationen.

oben Im Mutitjulu-Becken sammelt sich das Regenwasser, das von den steilen Felswänden herunterläuft. Das Becken wird seit Jahrtausenden von Menschen und Tieren genutzt, deren Anwesenheit an dieser Lebensquelle förmlich greifbar ist. Der Platz stillte Bedürfnisse des Körpers, des Geistes und der Seele unzähliger Kreaturen.

rechts Aus der Luft betrachtet ähnelt der Uluru einer Pfeilspitze, doch von unten gesehen erkennt man, dass er niemals durch die Luft fliegen könnte. Geht man ganz nahe heran, entdeckt man abstrakte Formen, die zu Phantasieflügen über die antiken Kulturen einladen. Besucher dürfen nur mit einem Führer auf den Felsen steigen, damit die spirituell bedeutsamen Wege der Mala nicht beschädigt werden.

Kakadu-Nationalpark

Northern Territory, Australien

Der Kakadu-Park hat seinen Namen von der einst in dieser Region gängigen Aborigines-Sprache Gagudju. Der Nationalpark in Australiens Northern Territory misst von Norden nach Süden etwa 200 Kilometer, von Osten nach Westen ca. 100 Kilometer. In seinen Flüssen, Ebenen, Talauen und Höhlen leben unzählige Tiere und Pflanzen und seit über 40 000 Jahren auch Menschen.

Die als heilig verehrte Kulturlandschaft begründeten die »First People«, die Vorfahren der heutigen Aborigines. Sie führten die Sprache, Umgangsformen und Zeremonien ein und hatten umfangreiche Kenntnisse über die spirituellen und physikalischen Landschaften. Zu ihrem kulturellen Erbe gehören zahlreiche Felszeichnungen. Die Mimi-Geister waren die Ersten, die sich angeblich selbst in den Felsen porträtierten und diesen Ort zum »Traumplatz« machten. Traumplätze sind Stätten, an denen die Ahnen die Erde betreten oder verlassen haben. Einigen dieser Plätze werden obskure Bedeutungen zugeschrieben, und nur wenigen Personen ist – aufgrund der heiligen und zuweilen gefährlichen Kräfte – der Zutritt gestattet. Die Jawoyn, die Hüter dieser Stätten im Kakadu-Park, wissen, welche Orte alle besuchen dürfen und welche der Öffentlichkeit verschlossen bleiben müssen.

In den Felszeichnungen erkennt man häufig Jagdszenen, mit denen um Erfolg beim Jagen gebeten und Kontakt zu den Seelen der Tiere aufgenommen wurde. Religiöse Riten wurden gezeichnet, um ihre hohe Bedeutung kundzutun, und Schöpfungsgeschichten sollten die Mythen weitergeben und die Folgen bestimmter Ereignisse beeinflussen. Nicht nur die Zeichnungen gelten als heilig, sondern auch der Akt des Malens selbst und sogar die Herstellung der Farben. Einer der Farbstoffe, der eisenhaltige rote Ocker, ein hämatithaltiges Mineralgemenge, ähnelt Blut und symbolisiert das Leben und die Fortpflanzung; entsprechend gilt er als die heiligste Farbe.

rechts Die Felsformationen Ubirr sind »Traumplätze«, hier findet man viele uralte Felszeichnungen. Die Bilder, die mehrfach übermalt wurden, komprimieren die Mythen und Geschichten der Zeit. Die überwältigende raue Landschaft ist vor allem bei Sonnenaufgang ein wunderbarer, mystischer Anblick.

links Diese außerirdisch scheinende Szenerie ist eine der ältesten heiligen Stätten Australiens. Die »Teufelsmurmeln« aus geschmolzener und wieder gehärteter Lava, von den Einheimischen Karlu Karlu genannt, gelten als Eier der Regenbogenschlange. Diese ist eines der Wesen, die einst die Aborigines und das Antlitz der Welt schufen. Die Regenbogenschlange wird mit Wasser, Fruchtbarkeit und Beziehungen in Verbindung gebracht.

oben Die bei Sonnenuntergang seidig glänzende Oberfläche des Yellow Water Billabong birgt unzählige Fische – und Krokodile. Der Kakadu-Nationalpark ist zudem Heimat eines Drittels von Australiens Vogelarten. Er ist somit Quelle spiritueller Fülle und wertvolles Naturreservat zugleich.

rechts Im Glauben der Aborigines lebten die Mimi-Geister in Felsspalten und porträtierten sich selbst an den Wänden vor ihren Behausungen. Sie kamen nur in windstillen Nächten hervor, um Verletzungen durch Stürme zu vermeiden. Ihre schlanken Körper sind meist als athletische Jäger und temperamentvolle Tänzer dargestellt. Sie waren die Ahnen, die die Aborigines in Kunst, Jagd und Umgangsformen unterrichteten.

Bungle Bungle Purnululu-Nationalpark, Westaustralien, Australien

Bungle Bungle im Purnululu-Nationalpark entstand, als das 380 Millionen Jahre alte Sandsteinmassiv nach und nach erodierte und Formationen aus orangefarbenen und grauen Schichten offenlegte. Das Resultat sind wundersam hypnotisch wirkende, 200 bis 300 Meter hoch aufragende Felsen auf einer gras- und baumbewachsenen Ebene.

Über 20 000 Jahre lang, bis in die 1980er Jahre, war diese als heilig verehrte Wildnis nur den Aborigines bekannt, die hier in der Regenzeit jagten, ihre Toten bestatteten und die Felswände bemalten. Da dieser Ort noch immer hohe religiöse Bedeutung hat, sollten Besucher die Wege nicht verlassen und die Gastfreundschaft der Aborigines nicht missbrauchen. Schöpfungsgeschichten sind die Quelle ihrer Spiritualität und eng mit Gewässern, Felsformationen und anderen topografischen Phänomenen verbunden. Jedes Gebiet hat seine eigene spirituelle Ausrichtung, und häufig wissen die Gründe dafür nur die Älteren. Tatsächlich werden nur einzelne Personen nach deren persönlichem Bedürfnis in kulturelle Kenntnisse eingeweiht, meist in Form von Übergangsritualen. Außenstehende werden deshalb die Aborigines-Kultur niemals gänzlich verstehen und nie alle heiligen Stätten kennenlernen. Nur die in der jeweilien Region heimischen Stämme wissen alle Einzelheiten über ihre individuelle Definition des Heiligen.

So wie die Elemente nötig waren, um die Felsskulpturen freizulegen, die im Aborigines-Glauben von Beginn an da waren, können die einzelnen Fäden der Schöpfungsgeschichten rund um die Traumplätze nur von den traditionellen Besitzern, den Aborigines, offengelegt, sprich: interpretiert werden.

links Die Echidna-Schlucht, einer der geheimnisvollsten Plätze Australiens, hat eine ganz eigene Atmosphäre. Seit 20 Millionen Jahren tragen Wind und Wetter den Quarzsand ab und schaffen so eine Ehrfurcht gebietende Szenerie, die durch die Licht- und Schattenspiele geradezu episch wirkt.

oben Diese kegelförmigen Gebilde, die häufig mit Bienenstöcken verglichen werden, sind bis zu 300 Meter hoch. Biologie, Geologie und Erosion sind die Werkzeuge, mit denen die Natur aus Sandstein und Algen diese Skulpturen schuf, die die Hauptattraktionen des Bungle-Bungle-Massivs im Purnululu-Nationalpark darstellen, in dem so viele heilige Stätten versteckt liegen.

oben Dieses ausgetrocknete Flussbett verläuft auf der Ebene, von der sich die Bungle-Bungle-Formationen erheben. In der Trockenzeit jagen und sammeln hier die Aborigines Tiere und Pflanzen. Überall hört man das Gezwitscher von mehr als 130 Vogelarten, vom bunten Wellensittich bis zum ebenso farbenfrohen Regenbogenspint. Und wenn sich im Tagesverlauf das Licht verändert, ist die ganze Szenerie ein einziges Farbenspiel.

oben Jahrtausendelang kannten ausschließlich Aborigines diese Gegend. Heute sind sie maßgeblich an der Verwaltung dieser Region beteiligt, die auch für den Rest der Welt einen großen Wert besitzt. Die einzigartige Ästhetik und die spirituelle Erhabenheit einer so spektakulären Landschaft sowie die Spuren der Aborigines-Kultur sind grandiose Schätze der Menschheit.

oben Die kegelförmigen Bungle-Bungle-Felsen sind ein außergewöhnlicher Anblick. Die verschiedenfarbigen »Bänder«, die durch den unterschiedlichen Lehmgehalt und die Porösität der Sandsteinschichten entstanden, kommen im Licht der untergehenden Sonne besonders gut zur Geltung.

Tongariro-Nationalpark

Nordinsel, Distrikt Ruapehu, Neuseeland

Der Maori-Häuptling Te Heuheu Tukino schenkte 1887 dem Staat Neuseeland Gebiete auf der Nordinsel, unter der Bedingung, sie vor der Zerstörung – vor allem durch europäische Einwanderer – zu schützen. Heute gehört der Park zum UNESCO-Welterbe. Die Berge haben religiöse Bedeutung, da sie die heilige Verbindung der Maori mit dem Terrain verkörpern; besondere spirituelle Macht wird den Gipfeln Tongariro, Ngauruhoe und Ruapehu zugeschrieben. Dank der weisen Voraussicht des Häuptlings wurde Tongariro Neuseelands erster Nationalpark, in dem die *Tapu*-Plätze hoch verehrt werden. Die Maori wie alle Polynesier verwenden den Begriff *tapu* für etwas Hochheiliges (siehe auch S. 224), und *Tapu*-Dinge dürfen nicht angefasst oder zerstört werden, zuweilen darf man sie nicht einmal benennen oder anschauen. (Von *tapu* leitet sich der Begriff »tabu« ab.) Mit diesem Konzept bewahrten Priester und Häuptlinge Ressourcen vor Ausbeutung, denn für die Maori ist es eine heilige Pflicht, alles, was *tapu* ist, zu schützen.

Wahi tapu sind heilige Stätten für Begräbnisse und Taufen, Orte, an denen Blut floss oder heiliges Wasser entspringt, sowie Pfade für die Boten. Außenstehende sind sich der magischen Bedeutung des Bodens, auf dem sie stehen, den sie betrachten oder fotografieren, oft gar nicht bewusst – deshalb ist es so wichtig, dass sich Besucher über die Stätten vorab gründlich informieren und die gut ausgeschilderten Touristenwege nicht verlassen.

Man sagt, diese Region wurde vulkanisch, als der Hohepriester Ngatoroirangi während eines Schneesturms um Feuer betete. Er dachte dabei an Hawaiki, die traditionelle Heimat der Maori. Die Flammen brachen als vulkanische Eruptionen hervor, hielten vor Ngatoroirangis Füßen an und bildeten den Pazifischen Feuerring, an dessen Südspitze diese Gegend liegt. Ngatoroirangi brachte dem Land also vulkanische Aktivität, und die Maori freuten sich über dieses Geschenk des Gottes Ruamoko, der über den glühendheißen Erdkern herrscht.

links Der kegelförmige Gipfel des Bergs Ngauruhoe zeichnet sich durch steile Felswände und eine eindrucksvolle Atmosphäre aus. Die Maori haben uralte Verbindungen mit den Bergen, die für sie die Erschaffung der Erde und der Menschen repräsentieren. Die mächtigen Energien und spirituellen Kräfte der Schöpfung sind *mana* (nicht mit Worten zu beschreiben).

oben Der Rauch über dem Berg Ruapehu leuchtet in morgendlichem Licht. Für die Maori sind die Feuerkräfte der Erde ein Geschenk und nichts, das man fürchten müsste. Der Ruapehu, der höchste Gipfel der Insel, gehört zu den aktivsten Vulkanen der Welt. Zwischen den Eruptionen bildet sich im Krater ein schwefelhaltiger See.

links Der Taupo-See, der vor ca. 26 000 Jahren durch einen Vulkanausbruch geschaffen wurde, ist ein *wahi tapu*, eine heilige Stätte. Die Maori, die vor über 1000 Jahren aus ihrer Heimat Hawaiki in Kanus hierherkamen, nennen Neuseeland *Aotearoa* (Land der langen weißen Wolke). In Hawaiki haben viele polynesische Kulturen ihre Wurzeln.

rechts Die Emerald Lakes (Smaragdseen) auf dem Ruapehu werden von Schmelzwasser, Ablagerungen und hydrothermalen Flüssigkeiten gefüllt, die von unten hochsteigen. Mineralstoffe machen das Wasser grün und sauer, vulkanische Aktivität bestimmt den Wasserstand – für die Maori sind dies spirituelle Kräfte. An den heiligen Seen ist Essen und Trinken verboten.

Rapu Nui
Südpazifik

Rapa Nui wird auch Osterinsel genannt – den Namen gaben ihr die Niederländer, die hier am Ostersonntag des Jahres 1722 landeten. Eine andere Bezeichnung ist Te Pito Te Henua, »Nabel der Welt«, was sich wohl auf die Vorstellung der Bewohner von der geografischen Lage der Insel und deren Isolation bezieht, die tatsächlich das auffälligste Kennzeichen dieses kleinen Eilands ist.

Geschichte und Kultur Rapa Nuis wurden von Mühsal, Not und Sklaverei geprägt. Die ersten Siedler, die zwischen 400 und 600 n. Chr. hierherkamen, fanden Wasser, eine üppige Vegetation und Materialien vor, aus denen sie riesige *moai* – ikonische Statuen, für die die Insel berühmt ist – anfertigten. In der polynesischen Bevölkerung Rapa Nuis hatte der große Häuptling *(ariki mau)*, ein direkter Nachfahre der Götter, einen sehr hohen Status inne. Ehrwürdige Künstler stellten die *moai* her, die verschiedene

Gottheiten repräsentierten, und platzierten sie auf Plattformen mit Schreinen *(ahu)*. Da sie schützende Funktion hatten, blickten die meisten *moai* in Richtung der Dörfer und nicht aufs Meer hinaus. In ihren tief eingemeißelten Augenhöhlen sind zum Teil Korallen eingearbeitet, die die spirituelle Macht *(mana)* der Figuren noch vergrößerten.

Außer *moai* fertigte man heilige Felszeichnungen von Tieren und anthropomorphen Vogelwesen an, die den Schöpfergott Makemake repräsentieren. In einer alljährlichen Makemake-Zeremonie wurde der »Vogelmann« (*Tagata Manu*) des kommenden Jahres bestimmt. Die Kandidaten versammelten sich am Orongo, einer steilen Felskante an einem Krater. Während die Priester um eine erfolgreiche Zeremonie beteten, schwammen Stellvertreter der Kandidaten zur Insel Moto Nui, um Eier der Rußseeschwalbe zu suchen und zurückzubringen. Der Kandidat, der von seinem Schwimmer als Erster ein unversehrtes Ei erhielt, war dann ein Jahr lang Vogelmann mit vielen Privilegien.

oben Auf Rapa Nui findet man mindestens 360 *moai* in *ahus. Moai* repräsentieren die Götter und bewachen diese abgeschiedene Insel. Ahu Tongariki gehört zu den größten Schreinen mit einigen der gewaltigsten Steinstatuen.

oben Viele der gemeißelten Felszeichnungen auf Rapa Nui stellen den *Tagata Manu* (Vogelmann) dar, der in der Gesellschaft der Inselbewohner eine wichtige Rolle spielte. Im Hintergrund sieht man hier das Inselchen Moto Nui, von dem die Schwimmer im alljährlichen Ritual, bei dem der *Tagata Manu* des kommenden Jahres bestimmt wurde, ein unversehrtes Ei der Rußseeschwalbe bringen mussten.

oben Die *moai* bilden an Rapa Nuis Küste einen schützenden Kreis. Viele wurden im Lauf der Zeit von Flutwellen und anderen Naturkräften umgeworfen, doch die meisten hat man wieder aufgestellt. Einige der Figuren aus Vulkangestein wiegen bis zu 90 Tonnen. Dass so viel Mühe auf die künstlerische Ausarbeitung, den Transport und das Aufstellen dieser gewaltigen Statuen verwendet wurde, lässt auf ihren hohen Wert schließen. Wie sie an ihren Platz gebracht wurden, kann man allerdings bis heute nicht genau sagen.

oben Der schmale, steile Rand des Rano Rarku in einer Ecke der dreieckigen Insel trennt den Kratersee vom Südpazifik. Aus diesem Vulkankrater stammt das Material für die *moai*. Vom Kraterrand aus wurden einst im Vogelmann-Ritual die Schwimmer zur Insel Moto Nui geschickt.

Taputapuatea

Raiatea, Gesellschaftsinseln, Französisch-Polynesien

Raiatea, auf deutsch »Klarer Himmel«, ist die zweitgrößte der Gesellschaftsinseln in Französisch-Polynesien. Sie ist auch als »Heilige Insel« bekannt, da sie als Geburtsort der Götter und somit des spirituellen Lebens der Polynesier gilt. Eine der meistverehrten Stätten auf der Insel ist der Berg Temehani, der dem Gott Oro geweiht ist. Hier wächst die einzigartige Blume Tiare Apetahi, derentwegen Menschen an den Berghängen übernachten, um den leisen Geräuschen zu lauschen, die sie in der Morgendämmerung macht, wenn sich die Blüten öffnen.

Der mächtigste heilige Ort auf der Insel ist aber vermutlich Taputapuatea, ein *marae*, ein mit Steinen oder Holzpfosten

eingegrenzter Platz, der religiösen und gesellschaftlichen Zwecken diente. Die ersten Menschen sollen in der Zeit, die Hawaiki genannt wird, hier aus dem Boden herausgekommen sein. Taputapuatea galt als so heilig, dass immer, wenn anderswo ein *marae* gebaut wurde, ein Stein von hier als »Samen der Heiligkeit« verwendet wurde – so wie in anderen Religionen die Flamme einer gesegneten Kerze weitergereicht wird.

Im 19. Jahrhundert kam das Christentum in diese Gegend, und die *marae* wurden aufgegeben. Doch noch immer gilt der Boden eines *marae* als *tapu* und darf weder bebaut noch für andere Zwecke verwendet werden.

oben Wie bei anderen *marae* wurde hier ein Platz als *tapu* (heilig) gekennzeichnet. Die ebene Fläche, auf der Rituale und Zeremonien stattfanden, wurde hierzu mit Steinen eingekreist. Raiatea ist von einem Korallenriff mit Perlenfarmen umgeben, auf der Insel windet sich der tiefe Fluss Faaroa durch den Regenwald. Auf der landschaftlich reizvollen Insel gibt es viele Stätten mit religiösen und archäologischen Schätzen.

links oben Ein antiker »Königsstein« markiert die heilige Stätte Taputapuatea. Als Geburtsort der Götter und als der Boden, aus dem die Menschen hervorkamen, nimmt Taputapuatea in der polynesischen Tradition einen bedeutsamen Platz ein. Die Bewohner Raiateas waren große Seefahrer und verbreiteten ihre Religion auch in anderen polynesischen Ländern.

Register

Aborigines 224, 225, 226–227, 228–231, 232–235, 236–239, 240–243
Afrika 110, 128–131, 132–135, 136–139, 140–143, 144–147, 148–151
Ägypten 128–131
Alta, Felszeichnungen von 70–71
Alta-Fjord 46
Angkor Wat 194–197
Assisi 98–101
Australien 224, 225, 226–227, 228–231, 232–235, 236–239, 240–243
Ayers Rock (Uluru) 225, 232–235
Ayutthaya 190–193
Bandiagara, Felsen von 111, 132–135
Bangladesch 186–189
Basilica di San Francesco d'Assisi 98–101
Berg Athos 47, 102–105
Berg Fuji 155, 218–221
Bethlehem 110, 111, 116–119
Borobudur 155, 202–205
Buddhismus 6, 155, 178–181, 182–185, 186–189, 190–193, 202–205, 210–213, 214–217, 218–221
Buchara 156–159
Bungle Bungle 225, 240–243
Canterbury Cathedral 46, 58–59
Carnac, Steinreihen von 47, 90–93
Castlerigg Stone Circle 47, 54–57
Chiapas 10
Chichen Itzá 10, 11, 24–27
China 155, 206–209, 210–213
Christentum 6, 46–51, 58–65, 72–83, 88–89, 94–105, 110, 111, 116–119, 124–127, 140–143, 178–181
Colorado (Fluss) 10
Croagh Patrick 64–65
Damaskus 110
Delphi 106–107
England 46–47, 48–51, 52–53, 54–57, 58–59
Frankreich 76–79, 80–83, 84–87, 88–89, 90–93
Ganges (Fluss) 155, 170–173
Geburtskirche (Betlehem) 117
Gizeh, Pyramiden von 110, 128–131
Glastonbury 46–47, 48–51
Goldener Tempel (Amritsar) 174–177
Grab der Rachel (Bethlehem) 116, 118
Grand Canyon 10, 34–37
Great Barrier Reef 224, 226–227
Griechenland 47, 102–105, 106–107
Halong-Bucht 198–201
Heidentum 52–53, 54–57, 64–65, 66–69, 84–87, 90–93, 94–97, 102–105, 106–107
Hinduismus 6, 155, 170–173, 178–181, 182–185, 194–197
Horseshoe-Fälle 11
Indien 155, 166–169, 170–173, 174–177
Intiwatana 11
Irland 64–65
Islam 110, 111, 116–119, 120–123, 136–139, 144–147, 156–159, 160–165
Island 66–69
Italien 98–101
Jainismus 166–169
Japan 155, 214–217, 218–221
Java 202–205
Jordanien 112–115
Judentum 112–115, 116–119
Kakadu-Nationalpark 225, 236–239
Kanada 42–43
Kathmandu-Tal 182–185
Kii-Berge 155, 214–217
Kloster der heiligen Verklärung (Valaam) 47, 72–75
Kukulkan-Tempel 11
Lake Mungo 224, 228–231
Lalibela 110, 111, 140–143
Lascaux, Höhle von 46, 84–87
Lourdes 76–79
Ma'alula 110, 124–127
Machu Picchu 10, 11, 12–15
Mali 110, 132–135, 136–139
Maori 225, 244–247
Mexiko 17–19, 20–23, 24–27, 28–31
Mittelamerika 10, 11, 12–31
Nepal 182–185
Neuseeland 225, 244–247
Niagara-Fälle 10–11, 42–3
Norwegen 70–71
Notre-Dame de Chartres 47, 80–83
Notre-Dame de Rocamadour 47, 88–89
Osterinsel (Rapu Nui) 225, 248–251
Palenque 10, 11, 20–23
Peru 12–15
Petra 110, 112–115
Polynesien 248–251, 252–253
Pyramide des Zauberers 10, 11, 17–19
Raiatea 225, 252–253
Ranakpur-Tempel 166–169
Rapa Nui 225, 248–251
Rocamadour 47, 88–89
Russland 72–75
Saint Ninians Höhle und Candida Casa 60–63
Samarkand 160–165
Sansibar 110, 144–147
Santiago de Compostela 47, 94–97
Schottland 60–63
Serpent Mound 10, 11, 32–33
Shintoismus 214–217, 218–221
Shugendo 218–221
Sikhismus 155, 174–177
Spanien 94–97
Sri Lanka 6, 155, 178–181
Sri Pada 6, 155, 178–181
Stone Town 110, 144–147
Südafrika 110, 148–151
Syrien 120–123, 124–127
Tansania 144–147
Taoismus 155, 206–209
Taputapuatea 225, 252–253
Teotihuacán 10, 11, 28–31
Thailand 190–193
Thingvellir-Nationalpark 66–69
Timbuktu 110, 136–139
Tongariro-Nationalpark 244–247
Uffington 52–53
uKhahlamba-Drakensberg-Park 110, 148–151
Uluru 225, 232–235
Umayyaden-Moschee 111, 120–123
USA 10, 11, 32–43
Usbekistan 156–159, 160–165
Uxmal 10, 11, 17–19
Valaam 47, 72–75
Vietnam 194–197, 198–201
Vihara-Ruinen 186–189
White Horse 46, 52–53
Wrangell–Saint Elias National-park und Naturschutzgebiet 10, 38–41
Wudang-Berge 155, 206–209
Yucatán 10, 17–19, 24–27
Yungang-Grotten 210–213

Literaturempfehlungen

Am Anfang waren die Frauen. Ursprungsmythen von den Amazonen bis zur Jungfrau Maria, von Patrick J. Geary, C.H. Beck, 2006.

Auf den Spuren der Pilger. Die großen Wallfahrten im Mittelalter, von Norman Foster, Pattloch, 1990.

Buddhistische Kunst, von Herbert Plaeschke, Koehler & Amelang, 1972.

Das Geheimnis der Farben. Eine Kulturgeschichte, von Victoria Finlay, Claassen, 2003.

Der große National Geographic Atlas der Weltreligionen, von Susan Tyler Hitchcock, John L. Esposito, Susan Tyler Hitchcock und Stephan Schuhmacher (Übersetzer), National Geographic, 2. Aufl. 2007.

Illustrierte Vor- und Frühgeschichte Europas. Oxford Illustrated History, von Barry Cunliffe, Campus, 1996.

Die Kelten und ihre Geschichte, von Barry Cunliffe, Lübbe, 2004

Kunst und Architektur des Islam, von Robert Hillenbrand, Wasmuth, 2005.

Maria. Jungfrau, Mutter, Herrscherin, von Klaus Schreiner, Anaconda, 2006.

Maya. Gottkönige im Regenwald, von Nikolai Grube, Ullmann/Tandem, Neuauflage 2007.

Meilensteine der Astronomie. Von Aristoteles bis Hawking, von Jürgen Hamel, Franckh-Kosmos, 2006

Der mittelalterliche Kosmos. Karten der christlichen und islamischen Welt, von Evelyn Edson, Emilie Savage-Smith und Anna D. von den Brincken, Primus, 2005.

Östliche Weisheit. Die fünf großen Religionen Asiens, von C. Scott Littleton, Frederking u. Thaler, 2000.

Reading Buddhist Art, von Meher McArthur, Thames & Hudson, 2004.

Die Regenbogenschlange. Geschichten vom Anfang der Welt und von der Kostbarkeit der Erde, von Esther Bisset und Martin Palmer, Zytglogge, 2. Aufl. 1990.

Religionen der Welt. Die großen Glaubensrichtungen entdecken und verstehen, von John Bowker, Dorling Kindersley, 2007.

Religionen der Welt. Herausg. von Christoph Auffarth, Jutta Bernard und Hubert Mohr, Metzler, 2006.

Sacred Britain: A Guide to the Sacred Sites and Pilgrim Routes of England, Scotland and Wales, von Martin Palmer und Nigel Palmer, Piatkus Books, 1997.

The Places In Between, von Rory Stewart, Harvest Books, 2006.

Die Edda, von Karl Simrock, Anakonda 2007

Sacred Earth: The Spiritual Nature of Our Material World, zusammengetragen von Sarah Clive, Baha'i Publishing Trust, 2001.

The Temple. Meeting Place of Heaven and Earth, von John M Lundquist, Thames & Hudson, 1993.

Weltatlas der Religionen, von Martin Palmer und Joanne O'Brien, Dietz Verlag J.H.W. Nachf., 1994.

Der große Atlas der heiligen Stätten. Die bekanntesten Pilgerreisen der Weltreligionen, von George Target, Orbis 2003.

Weltreligionen. Das neue illustrierte Handbuch, herausg. von Michael D. Coogan, Frederking & Thaler, 2000.

Zeit und Fest. Eine Kulturgeschichte des Kalenders, von Jörg Rüpke, C.H. Beck, 2006.

Danksagung

Für ihre Unterstützung danken wir Harry Bird, Sue Booys, David Booys, Richard Booys, Brian Catling, Ann Hind, Stanley Hind, Adam Papaphilippopoulos, Ámbar Past, Tila Rodriguez-Past, José Angel Rodríguez González, Sarah Simblet sowie Holly und Tom Slingsby.

Bildnachweis

Der Herausgeber dankt den folgenden Personen und Institutionen für die freundliche Erlaubnis, Bilder in diesem Buch abzudrucken.
Abkürzungen: o=oben, u=unten, m=Mitte, l=links, r=rechts

4Corners Images: /Borchi Massimo: 23r; /SIME/Pavan Aldo: 163; /SIME/Romiti Fabrizio: 191, 193; /SIME/Damm Fridmar: 182-183; /SIME/Kolley Horst: 184l; /SIME/Johanna Huber: 112-113, 114; /SIME/Ripani Massimo: 108–109, 250l, 251; /Amantini Stefano: 360, 185
Alamy Images: /©Asia: 192; /©James Bartholomew: 78r; /©David Bowman: 194; /©Dinodia Images: 174; /©Ilya Genkin: 228–229, 230; /©Yoel Harel: 70r; /©Wolfgang Kaehler: 40r; /©Michael Klinec: 204bl; /©Yadid Levy: 176; /©David Lyons: 54; /©Peter McCabe: 64–65; /©Alain Machet: 125; /©Ron Niebrugge: 41; /©Photo Resource Hawaii: 253; /©Profimedia International s.r.o: 127; /©Rolf Richardson: 122; /©Robert Estall Photo Agency: 50l; /©Sami Sarkis: 124–125; /©South West Images Scotland: 62; /©Frantisek Staud: 221; /©Steve Allen Travel Photography: 184r; /©Travel Ink: 146; /©Worldwide Picture Library: 61
Associated Media Group/©Peter Langer: 186–187, 188to, 189to, 188–189u
The Bridgeman Art Library: /Detail des Portico de la Gloria mit den Propheten des Alten Testaments (Stein), Mateo, Meister (fl. 1168–88)/ Jakobskathedrale, Santiago da Compostela, Spanien, Joseph Martin: 94; /St. Thomas Becket, vom Leben des heiligen Thomas Becket, Trinity-Chapel-Fenster, ca. 1220, English School, (13. Jh.)/Canterbury Cathedral, Kent, GB, Paul Maeyaert: 58l; /Westfassade, 1738–50 (Foto), Casas Novoa, Fernando de (ca. 1680–1749)/Jakobskathedrale, Santiago da Compostela, Spain, Lauros/Giraudon: 95
China Wudang Net: 206–207, 208l&r, 209
Corbis Images: /©Theo Allofs: 225r, 243; /©Paul Almasy: 131l; /©Archivo Iconografico, S.A.: 86, 105; /©Jean-Philippe Arles/Reuters: 79; /©Yann Arthus-Bertrand: 53l, 102–103, 104r; /©Craig Aurness: 82; /©Bettmann: 85; /©Christophe Boisvieux: 216t; /©Elio Ciol: 83, 100–101; /©Herve Collart/Sygma: 151; /©Dean Conger: 123o, 210–211; /©Richard A. Cooke: 32–33; /©Ashley Cooper: 57o; /©James Davis/Eye Ubiquitous: 69; /©Robert Estall: 90–91; /©Macduff Everton: 22o&u, 68, 10l; /©Michele Falzone: 155r, 156, 158, 204–205; /©Jose Fuste Raga/Zefa: 110l, 123u; /©Yves Gellie: 120–121; /©Greenhalf Photography: 50r; /©Farrell Grehan: 204ol; /©Carol Havens: 88; /©Jason Hawkes: 48–49; /©Tim Hawkins/Eye Ubiquitous: 46l, 51; /©Chris Hellier: 93o; /©Gavin Hellier/JAI: 111l, 136–137; /©John Heseltine: 80, 92; /©Angelo Hornak: 58r, 59, 81; /©Jeremy Horner: 130; /©Dave G. Houser: 224l&r, 231l&r; /©Andrea Jemolo: 96; /©Wolfgang Kaehler: 15l; /©Catherine Karnow: 155l, 198–199, 2010; /©Everett Kennedy Brown/epa: 217; /©Christine Kokot/dpa: 200–201; /©Bob Krist: 56, 143l; /©Earl & Nazima Kowall: 111r, 140–141; /©Charles & Josette Lenars: 30r, 87, 110r, 126; /©Barry Lewis: 225l, 242l; /©Craig Lovell: 15r; /©Ludovic Maisant: 162r; /©David Muench: 10r, 11l&r, 34–35, 36u, 40l, 42; /©Tom Nebbia: 12–13; /©Richard T. Nowitz: 118–119; /©Tim Page: 180r; /©Sergio Pitmitz: 47r, 98–99; /©Chris Rainier: 152–153; /©Daniel Samuel Robbins: 159, 202–203; /©Robert Harding World Imagery: 137; /©Joel W. Rogers: 47l, 70l, 71; /©Fulvio Roiter: 8–9; /©Thelma Sanders/Eye Ubiquitous: 139; /©Skyscan: 46r, 52; /©Joseph Sohm/Visions of America: 38–39; /©Paul A. Souders: 235; /©Keren Su: 4–5, 154l, 168r, 197, 213o; /©Luca I. Tettoni: 154r, 190; /©Sandro Vannini: 135o, 138; /©Pierre Vauthey: 84; /©Patrick Ward: 57u; /©K. M. Westermann: 162l; /©Nik Wheeler: 147r; /©Peter M. Wilson: 19l; /©Adam Wollfitt: 93u; /©Michael S Yamashita: 220o; /©Jim Zuckerman: 168l
DK Images: 44–45, 106, 107, 119, 246u
FotoLibra: /Richard Ash: 238u, 247; /Bouki Boaz: 117; /Harry Fox: 157; /David Hogon: 201u; /Chris James: 77; /Marie-Laure Stone: 147l, 213u; /Guenter Lenz: 241; /Tom Lloyd: 24; /Sergey Lutskiy: 74l&r; /Gordon Nicol: 63; /Nigel Puttick: 89; /Julia Rich: 66–67; /Ulrich W. Sahm: 116–117; /Pierre Sells: 196–197; /Dave Tait: 97l&r; /Graham Taylor: 226–227; /Edward Woods: 234l; /Rob Wyatt: 238–239
Getty Images: 76–77; /Kenneth Garrett/National Geographic: 20–21; /The Image Bank: 16, 170–171; /Katsumasa Iwasawa/Sebun Photo: 214–215; /Stone: 17, 222–223; /Taxi: 27u, 31
Jon Arnold Images Ltd: 78l, 160–161
Kenneth Garrett Photography: 128–129
Lonely Planet Images: /John Banagan: 242r; /Ross Barnett: 26; /John Borthwick: 252–253; /Tom Boyden: 239; /Mark Daffey: 115, 144–145; /Krzysztof Dydynski: 212; /John Elk III: 19r; /Greg Elms: 181; /David Else: 135u; /Peter Hendrie: 248–249; /Richard I'Anson: 177, 236–237; /Richard Nebesky: 18; /Oliver Strewe: 244–245; /Jim Wark: 36–37; /Woods Wheatcroft: 14; /Ariadne Van Zandbergen: 132–133, 134
Magnum Photos Ltd: /Ferdinando Scianna: 250or
National Geographic: /James P. Blair: 250ur; /Jason Edwards: 232–233, 234r; /Martin Gray: 104l; /Karen Kasmauski: 218–219, 220u; /Winfield Parks: 131r; /Michael S Yamashita: 6, 178–179
OnAsia.com: /Aroon Thaewchatturat: 167; /Agustinus Wibowo: 165
Photolibrary.com: /Imagestate Ltd: 246o, /JTB Photo: 28–29; /Japack Photo Library: 43; /Steve Vidler: 30l
Picture Desk/The Art Archive: Basilica di San Francesco d'Assisi/Dagli Orti: 101o&u
RIA Novosti Photo Library: 72–73, 75
Rex Features: /Wildtrack Media: 240
Robert Estall Photo Agency: /David Coulson: 1, 148, 148–149, 150
Robert Harding Picture Library: /Tony Gervis: 169; /Gavin Hellier: 143r, 173r, 194–195; /Sybil Sassooon: 142; /Jane Sweeney: 164, 173l; /Alvis Upitis: 216u; /John Wilson: vordere und hintere Umschlaginnenseiten, 166, 172, 175
SuperStock: /©Ben Mangor: 2–3, 24–25
Three Blind Men/Dominic Sansoni: 180l
Topfoto.co.uk/2004 Charles Walker: 53r
V.K.Guy Ltd: 60
Werner Forman Archive: 27o